培养健全人格

——家庭教育 60 问

陈立华 著

中国社会出版社
国家一级出版社·全国百佳图书出版单位

图书在版编目（CIP）数据

培养健全人格：家庭教育60问 / 陈立华著 .—北京：中国社会出版社，2022.6

ISBN 978-7-5087-6766-6

Ⅰ.①培⋯ Ⅱ.①陈⋯ Ⅲ.①家庭教育—问题解答 Ⅳ.① G78-44

中国版本图书馆 CIP 数据核字（2022）第 071388 号

出 版 人：浦善新		终 审 人：李 浩	
责任编辑：杨春岩		责任校对：朱永玲	
封面设计：时 捷			

出版发行：中国社会出版社　　　地　　址：北京市西城区二龙路甲33号
邮政编码：100032　　　　　　　编 辑 部：(010)58124829
网　　址：shcbs.mca.gov.cn　　发 行 部：(010)58124864；58124848
经　　销：新华书店

印刷装订：北京九州迅驰传媒文化有限公司
开　　本：170 mm×240 mm　1/16
印　　张：16　　　　　　　　　字　　数：202千字
版　　次：2022年6月第1版　　印　　次：2022年6月第1次印刷
定　　价：52.00元

中国社会出版社微信公众号

中国社会出版社天猫旗舰店

序 / 以爱的旗帜引领学生身心健康成长

欣闻陈立华的著作《培养健全人格——家庭教育60问》要出版了，这是有高度觉悟和深厚情怀的教育者献给孩子们及其父母的爱的厚礼，是北京市朝阳区实验小学基于"为学生幸福人生奠基"办学理念而提出的"朝实学生行为规范60条"养成教育策略后的新探索、新成果、新贡献！《培养健全人格——家庭教育60问》和"朝实学生行为规范60条"彼此照应，互为支撑，是立德树人的妙笔，是学校师德建设和教师育德能力建设的硕果。

60问，每问都切中学生人格养成和家庭教育的要害，情意满怀，分析透彻，建议具体而理性，文章里充满了教师之大爱，也饱含着学校对协同共育的殷殷期待，甚至有对教育问题的深深忧虑和不安。初读此本教育力作，我很受感动，心灵受到震撼，得到陶冶，我觉得自己被作者巨大的爱的暖流包围。

《培养健全人格——家庭教育60问》从人格教育入手，强化对育人主题的聚焦，以"航"为教育旗帜，团结帮助和引领家长，共同支持孩子在人生大海上劈波斩浪，顺利航行。道德引航、健康起航、习惯护航、能力远航、亲子导航、心理续航六章，系统回答了新时代首都家庭教育的重要问题。

第一章"面对疫情信息，如何教育引导孩子"，针对疫情期间网络信息对学生的负面影响问题，进行了透彻的分析，并建议家长，面对网络上众说纷纭的疫情报道，首先要缓解孩子的心理压力，教育孩子不要恐慌，不要过度悲观。新冠肺炎疫情肆虐猖狂，正常生活都被打乱，身处疫情之中的我们，更要保持清醒的头脑。其次要时刻关注孩子的心理变化，加强他们对疫情事件的认知，增长对疫情的科学认识，促进其形成健康的人生观以及积极的生活态度。

第二章"孩子为何会漠视生命"犀利指出，急功近利的教育方式把孩子打造成了"机器"和"工具"，缺乏人文精神和教育关怀使得孩子更加迷茫、无助。如果孩子情绪得不到合理的调节和释放，久而久之，便会造成心理的障碍和抑郁，有的孩子甚至会选择极端的方式以求得所谓的解脱。作者理性指出，生命教育是一个不能回避的话题，所以爸爸妈妈必须特别清醒地看到这一点，就是今天你的孩子可能在你身边发展得很好，但是如果有一天孩子离开你的身边独自外出求学，当他面对人生的困难时，他能否自己处理好？当他出现问题时是否会选择向你求助？作者的这种教育追问直抵人心，令人警醒。

第三章"如何让孩子养成良好的作业习惯"，深刻分析了学生学习状态及其原因、后果，反映了教育者难得的清醒和省思。作者指出，面对孩子过度的家庭作业，我们家长该怎么办呢？孩子写作业时间长，原因之一是老师布置的作业过多。现在大部分孩子早上起床都很早，差不多有10个小时都要在学校里度过。虽然学校的课程非常丰富，但是对于孩子们来讲，每节课都要集中精力，当孩子课上注意力不集中时，老师也会提醒。因此，孩子一直处于高度紧张的状态中，就像一根皮筋，如果一直紧绷着，时间长了会绷断；如果松一松再紧一紧，皮筋的寿命就会相对较长。所以，孩子也需要适当的放松，让紧张的大脑得到适当的休息。

第四章"如何面对学困生"，实事求是地探讨了班级里存在的学习困难生现象。这是教育的亘古问题，古今中外概莫能外。作者提醒家长，不要太介意孩子每次考试的名次，不要纠结于自己的孩子是不是在班里考第一，或者孩子是不是处在中等偏上的水平。文章在结尾处非常温馨地建议家长，孩子年龄尚小，心智发育尚未完全，孩子的成长需要家长的理解与尊重。当学困生身临困境，缺乏自信心时，家长要辩证地去看待自己的孩子，去鼓励他、支持他，善于发现孩子的长处，学会取长补短，以此激发起孩子的自信心，产生对学习的兴趣。

第五章"如何缓解亲子的紧张关系"，对亲子关系紧张问题进行了深刻分析，提出了非常接地气而精准的建议。作者指出："批评行为本身不一定能造成紧张的亲子关系，但是批评孩子的方式与态度可能会让孩子害怕，使双方关系变得紧张。随着家长声音的变大，甚至有的时候家长歇斯底里、暴跳如雷，会让孩子无法接受家长的情绪。""家长要冷静地去面对孩子身上出现的问题，妥善地解决问题，起到树立榜样作用。家长要转变教育方式，做一个比较冷静的家长，只有家长在遇事的时候沉着冷静，才能成为孩子的榜样，在潜移默化中教育孩子。"

第六章"如何从吃亏中找到教育契机"，非常具有现实针对性，是给某些狭隘、糊涂家长的一服良药和清醒剂。该文指出，现在的孩子大多都是独生子女，自然会成为全家的宠儿和期望。父母一心希望孩子成为自己的骄傲，所以很多家长特别担心自己的孩子吃亏，总害怕自己的孩子受委屈、受挫折。人类无时无刻不在享受大自然以及社会的馈赠，所以孩子终究有一天要学会回馈社会。家长的教育格局要大一点，鼓励孩子从眼前的小事做起，不要怕吃亏，要学会主动帮助他人，乐于奉献，为社会创造出更大的价值。

2022年已到来，但世界很不平静，教育充满问题的波澜，老师们落实立德树人根本任务面临着诸多挑战，来不得半点疏忽和懈怠。我深信，陈立华的力作《培养健全人格——家庭教育 60 问》，是教育者送给孩子们身心健康成长的爱的报春鸟，一定能够帮助孩子开启美好幸福的新天地，成为担当民族复兴大任的时代新人。

北京教育科学研究院德育研究中心主任，研究员　谢春风
2022 年 1 月 6 日

自序
家庭教育的核心是培养健全的人格

习近平总书记在全国教育大会上强调，全面贯彻党的教育方针，要立足基本国情，遵循教育规律，坚持改革创新，以凝聚人心、完善人格、开发人力、培育人才、造福人民为工作目标，培养德智体美劳全面发展的社会主义建设者和接班人[①]。

至圣先师孔子在教育中，首先重视的是学生的人格教育，也就是说让学生做一个有道德的人，再传授他其他的才艺，比如射箭、骑马等。教育家蔡元培先生在《中国人的修养》一书中指出：决定孩子一生的不是学习成绩，而是健全的人格修养。

人格，狭义上指人的品格。广义的人格既包括道德人格，也包括心理人格、法律人格，特别强调它是做人的资格。人格教育是以"人格"培养为核心，以"完全"或"健全"的人格为培养目标，以德育、智育、体育、美育、劳动教育等为手段，从而实现人的全面发展。

多年来，北京市朝阳区实验小学一直在探索行为规范养成教育，促进学生人格健全发展。把"培养什么人、怎样培养人、为谁培养人"作为学校教育的根本性问题，融入教育教学工作中，努力构建协同育人模式。在研究的过程中，发现青少年人格教育中还存在着诸多问题。

---

① 人民网：《习近平在全国教育大会上强调 坚持中国特色社会主义教育发展道路 培养德智体美劳全面发展的社会主义建设者和接班人》，http://edu.people.com.cn/n1/2018/0911/c1053-30286253.html。

学生比较自我，行为存在随意性，缺少待人接物的基本素养，行为习惯培养缺失。不少学生表现出"以自我为中心、合作意识差""自理能力弱、交往能力差""娇气任性、自我感觉良好"等心理特征，人格发展有待提高；家庭教育存在一定的偏差，"望子成龙、望女成凤"的想法和"重智轻德"的现象普遍存在。

针对当前学生人格教育存在的问题，学校基于小学生的年龄特点和认知程度，将社会主义核心价值观和小学生日常行为规范相结合，细化出了爱国、担当、诚信、友爱、礼敬、善良、守纪7个具体品质，并通过"学生行为规范60条"，分别对应到6个年级、12个学期的教育活动中。学生在每个学期重点学习、落实5条行为规范。通过主题班会、少先队活动等形式，促进学生行为习惯的养成、个性品质的塑造和思想道德素质的提高。

通过10余年的实践和研究，学校逐渐形成了一种适合小学生年龄特征与发展需求的合理的行为规范，形成了易懂、易记、易实施，实践性、体验性较强的、全面而有效的一种行为规范内容，并形成了与之相配套的资源成果和有效的实施途径。

人生的第一所学校是家庭，学校是教育的基础和重要补充。学校和家庭是密不可分的，只有相互配合才能促进学生的健康发展。孩子是家庭的一面镜子，每个问题孩子的背后，必然站着有问题的父母。在日常工作中，我们也发现，很多人格有待完善的学生身上，也反映出了其家庭教育的缺失或偏差。

家校协作，才能为孩子扣好人生第一粒扣子。2022年1月1日，备受关注的《中华人民共和国家庭教育促进法》开始实施。国家从法律层面对未成年人的父母提出了硬性要求，这也从侧面明确了合格父母应该具备的能力和标准。家庭教育促进法规定，父母要以下面六个方面的内容为指引，开展家庭教育：一是培养儿童的家国情怀。二是培养儿童

自序
家庭教育的核心是培养健全的人格

良好道德品质。三是培养儿童科学的探索精神和创新意识,帮助未成年人树立正确的成才观,引导其培养广泛兴趣爱好、健康审美追求和良好学习习惯。四是促进儿童身体健康,引导其养成良好生活习惯和行为习惯。五是促进儿童心理健康,教导其珍爱生命,帮助其掌握安全知识和技能,增强其自我保护的意识和能力。六是培养儿童劳动习惯,提高生活自理能力和独立生活能力。

为人父母者,该具备的基本能力是健康管理、家庭教育以及人格培养能力,具备这三方面的能力就可以培养出一个身心健康的孩子。孩子在不断学习中,家长也要不断进步。家庭教育促进法第十八条规定,未成年人的父母或者其他监护人应当树立正确的家庭教育理念,自觉学习家庭教育知识,掌握科学的家庭教育方法,提高家庭教育的能力。

面对学生成长的实际情况,面对家长对科学教育的渴求,面对学校教育与家庭教育协同发展的要求,我撰写了《培养健全人格——家庭教育60问》一书,希望能给予家长引导。当然,由于水平有限,书中难免存在不足,敬请广大读者批评指正。

"积行成习,积习成性,积性成命。"教育孩子是一段辛苦漫长而又伟大的修行。让我们一起携手,培养孩子健全的人格,为孩子播下一个行为,收获一种习惯;播下一种习惯,收获一种性格;播下一种性格,收获一种命运。

目 录
CONTENTS

第一章　道德引航 ……………………………………… 1

如何讲好党史故事，为孩子打上中国烙印 ……………… 3

抗疫时期，如何培养孩子们的家国情怀 ………………… 6

防疫"超长假期"，孩子们获得哪些成长 ……………… 11

面对疫情信息，如何教育引导孩子 ……………………… 17

孩子的成长方向如何定位 ………………………………… 20

孩子追星，家长如何应对 ………………………………… 25

孩子花钱需要家长"教"吗 ……………………………… 28

如何依托互联网形成教育正能量 ………………………… 32

第二章　健康起航 ……………………………………… 41

如何为学生构筑幸福健康的根基 ………………………… 43

如何让食育助力孩子健康成长 …………………………… 48

孩子为何会漠视生命 ……………………………………… 52

男孩子缺乏阳刚之气怎么办 ……………………………… 56

孩子有了抽动症怎么办 …………………………………… 60

如何让孩子快乐过寒假 …………………………………… 64

第三章　习惯护航 ……………………………………… 67

孩子马虎怎么办 …………………………………………… 69

如何提升孩子的专注度 …………………… 73
沉迷手机对孩子的伤害有多大 …………… 77
暑假怎么安排 …………………………… 81
如何让孩子养成良好的作业习惯 ………… 85
如何让孩子更自律 ………………………… 90
如何培养学生的规则意识 ………………… 93

第四章 能力远航 …………………………… 97
幼小衔接该培养孩子哪些能力 …………… 99
家长要不要辅导作业 …………………… 103
疫情防控期间，如何上好网课 ………… 107
是否要给孩子报兴趣班 ………………… 111
如何面对学困生 ………………………… 114
如何上好新阶段的网课 ………………… 118
孩子线上学科学习，家长能做点什么 … 121
返校复课，你准备好了吗 ……………… 123
为何要给孩子减负 ……………………… 127
如何培养孩子长久的兴趣 ……………… 129
如何不让学习成为孩子的负担 ………… 133

第五章 亲子导航 ………………………… 137
如何处理与老人教育观念的分歧 ……… 139
单亲家庭，如何教育孩子 ……………… 143
孩子的教育到底谁负责 ………………… 147
如何用智慧的语言教育孩子 …………… 151
家庭暴力中成长的孩子，为什么会以暴制暴 … 154

目 录

家长学历对孩子有影响吗 ………………………… 158
如何缓解亲子的紧张关系 ………………………… 162
如何平衡孩子教育中的宠爱与严厉 ……………… 166
家校沟通矛盾如何解决 …………………………… 169
孩子为啥拿"妈妈提醒"当挡箭牌 ……………… 173
母亲如何学会松手 ………………………………… 177
好家长为何要给孩子赞美 ………………………… 180
二孩家庭，如何引导大宝做榜样 ………………… 183
如何处理独生子女的教养问题 …………………… 186
如何教育孩子面对家庭关系 ……………………… 190
如何引导孩子平稳度过青春期 …………………… 193
为什么赏识教育不管用了 ………………………… 196
如何引导孩子科学规划时间 ……………………… 199
家长之间如何沟通合作 …………………………… 202
如何看待家长的要求高于孩子的能力 …………… 206

第六章 心理续航 ……………………………… 209

为什么孩子会表现出孤独或内向 ………………… 211
孩子为什么会知理不讲理 ………………………… 215
如何提高孩子的自信心 …………………………… 219
孩子开学焦虑怎么办 ……………………………… 223
家庭教育中，如何尊重孩子的隐私 ……………… 228
当孩子叛逆期来临，家长怎么办 ………………… 232
如何从吃亏中找到教育契机 ……………………… 236
如何培养孩子的感恩之心 ………………………… 239

第一章　道德引航

DAODE YINHANG

第一章
道德引航

如何讲好党史故事，为孩子打上中国烙印

习近平总书记在党史学习教育动员大会上提出，要抓好青少年学习教育，让红色基因、革命薪火代代传承①。在中国共产党成立一百周年这样重大的历史时刻，深入开展党史教育，讲好党史故事，可以更好地落实立德树人根本任务，从而在青少年的心底打上中国烙印。

在百年的伟大征程中，涌现出了一大批视死如归的革命烈士、一大批顽强奋斗的英雄人物、一大批无私奉献的先进模范，以及千千万万平凡而又伟大的祖国建设者……百年党史这本厚重的教科书里，蕴藏着最为丰富生动的教育素材。

我们要着眼于"落实立德树人根本任务，大力培养德智体美劳全面发展的社会主义建设者和接班人"这一目标，为学生上好生动的党史教育课。

对于中小学来说，要讲好党史故事，必须上好中小学思政教育课。将党的历史融入思政课中，引领学生传承红色基因；要有机地挖掘各学科教材中蕴藏的党史教育素材，让学生在语文、数学、道德与法治、历史等课堂中学习党史、感悟共产党人的初心与使命；还要利用国旗下讲话、班队会等课堂，宣讲不同时期党的优秀人物故事、先进人物事迹，学习党的不同时期的历史，厚植学生的家国情怀。

在党史教育形式上，要改变传统的"说教式""灌输式"的教育形式，多采取讲一讲、写一写、画一画、唱一唱、演一演等学生喜闻乐见

---

① 中华人民共和国中央人民政府网站：《习近平：在党史学习教育动员大会上的讲话》，http://www.gov.cn/xinwen/2021-03/31/content_5597017.htm.

的形式，拉近学生与党史教育的距离，让学生通过讲述党史故事、撰写党史学习心得、画出美好新生活、唱响爱国歌曲、表演爱国故事等途径，汲取营养，滋润心灵。

"纸上得来终觉浅，绝知此事要躬行。"在党史教育的过程中，要将书本上的知识付诸实践，让书本上的知识活起来，不断使其内化于心，外化于行。要通过开展丰富多彩的实践活动，引导广大青少年在学习中继承发扬好中国共产党的光荣传统和优良作风。

我们所生活的城市——北京，有丰富的爱国主义教育基地。北京新文化运动纪念馆、香山双清别墅、毛主席纪念堂、宋庆龄故居、中国人民革命军事博物馆、中国人民抗日战争纪念馆等，都是学生成长的社会大课堂。我们要引导学生利用周末假期，走进基地，在一幅幅老照片、一件件老物件等展品中，真切感受中国共产党的发展壮大史，体会当今幸福生活的来之不易。学校也可以设计研学活动，引导学生带着课题研究走进爱国主义教育基地。

厚植爱国主义情怀，传承红色文化基因。在校内开展实践活动，把爱党爱国情怀融入学生的课外活动、社团活动，高举队旗学党史；把爱党爱国情怀融入学生校内志愿服务中，在助人为乐中感受奉献的快乐；把爱党爱国情怀融入垃圾分类、节约粮食等主题教育活动中，争做新时代好少年。

学校还要引导学生在日常学习生活中以高标准要求自己。北京市朝阳区实验小学在"为学生幸福人生奠基"的办学理念指引下，在对《社会主义核心价值观》和《小学生守则》的深入学习、理解的基础上，将社会主义核心价值观内容细化为具体行为，根据学生年龄特点和认知水平，分低、中、高三个学段，研发出了《朝实行为规范60条》校本教材和配套视频，让孩子们能够看得懂、听得进、记得住，让价值观贯穿于学生的日常教育教学过程中。同时，结合社会主义核心价值观设计表扬卡，用激励机制促进学生行为习惯养成和健全人格形成，取得明显成效。真正做到社会主义核心价值观进教材、进课堂、进学生头脑，让学生爱党爱国，从我做起，从小做起。

青少年阶段是人生的"拔节孕穗期"，最需要精心引导和栽培。让广大青少年了解党、了解党的事业，从心底里认识党、热爱党，这是立德树人的职责所在。广大教育工作者要以中国共产党成立一百周年为契机，讲好党史故事，落实立德树人根本任务，引导学生把爱国之情、报国之志融入成长中，为培养担当民族复兴大任的时代新人而努力奋斗。

家庭教育小贴士

如何讲好党史故事，为孩子打上中国烙印

1. 引导孩子走进我们所生活的城市——北京，让社会成为孩子成长的大课堂，真切感受中国共产党的发展壮大史，体会当今幸福生活的来之不易。

2. 把爱党爱国情怀融入学生校内志愿服务中，在助人为乐中感受奉献的快乐；把爱党爱国情怀融入垃圾分类、节约粮食等主题教育活动中，争做新时代好少年。

3. 引导学生在日常学习生活中以高标准要求自己，让学生爱党爱国，从我做起，从小做起。

抗疫时期，如何培养孩子们的家国情怀

2020年初，突如其来的新冠肺炎疫情打乱了人们本来平静的生活。疫情期间，医护人员、社区工作人员等一线工作者奋斗在前线，全国人民也都积极响应起来，相关地区的相关人员居家隔离，防止病毒的蔓延。在全国人民的团结和努力下，我们熬过了最艰难的时刻，看到了胜利的曙光。在这场艰巨的"战役"中，我们的孩子们虽然年龄小，但也是抗"疫"的一员，作出了自己应有的贡献，同时也在战"疫"中得到了许多收获。

全民抗疫，孩子们积极参与卫生安全教育

在这个特殊的时期，讲得最多的就是自我防护。不仅是在电视上、网络上有许许多多的人在科普卫生防护知识，学校也通过线上班会、微信公众号推送等形式，对孩子们进行卫生安全教育，并时刻关心着孩子们的健康状态。从七步洗手法、正确佩戴口罩、如何正确使用消毒液、良好的生活习惯等各方面，对孩子们进行非常详细的教育与讲解。孩子们在学习知识的同时也进行了实践，认真洗手、认真消毒，在家开窗通风，出门佩戴口罩……并通过网络班会等形式与老师和同学进行了线上交流与分享。

孩子们不仅自己学习了卫生安全知识，同时也化身宣传小能手。在疫情刚开始的时候，有的孩子的爷爷奶奶防护意识不强，出门不戴口罩。学校有个叫小艺轩的孩子，她就给爷爷讲新冠病毒的厉害，让爷爷一定戴口罩才能出去。在小艺轩的坚持下，一向固执的爷爷也养

成了每次出门都戴口罩的习惯。小艺轩还会反复叮嘱爸爸开车出门要小心，注意安全、注意防护。

卫生安全教育是一个全民活动，社会、学校、家庭的全面参与，提高了全民的卫生安全意识，让卫生安全知识在孩子们的心里深深地扎下根。孩子们对于卫生安全知识的学习，不仅仅利于对新冠肺炎疫情进行有效防控，有了这些安全知识作为盾牌，相信孩子们在面对其他各种传染性疾病时，也能进行有效的自我防护，保护自身生命安全。

做好生命教育，让孩子们学会珍惜生命，注重强健体魄

学会珍惜生命。在抗击疫情初期最紧张的两个月中，我们通过电视和网络，看到了疫情的严峻，许多生命因为疫情逝去，战斗在一线的医务人员和各行各业的一线工作者为抗击疫情过度劳累，有的人感染了疾病，甚至还有一些人因此牺牲……许多感人的事迹让孩子们潸然泪下，孩子们感受到生命的可贵，懂得了要珍惜生命、保护自己，这是对孩子们最好的生命教育。

注重健康，加强锻炼。珍惜生命，最重要的就是要拥有健康。经历这次疫情，孩子们明白了只有拥有健康的体魄，才能有更高的免疫力来抵抗疾病，才能在疫情结束后去上学、去拥抱自然，去感受生命的美好。在居家的过程中，孩子们不仅仅是读书学习，也保持着健康的饮食和作息，身体锻炼也没有落下。在老师和家长的引导下，他们制订了科学合理的日常作息表，学校也通过网课的方式带领孩子们进行室内体育锻炼，很多班级举行了"居家网上亲子运动会"，并在线上以视频、照片、文字等方式进行了分享。除此之外，孩子们也在老师们的鼓励下保持着良好的用眼习惯，在家认真做眼保健操，保护视力健康。

宅在家中，不等于什么都不能做。孩子们在这个超长假期里，并没有使自己的身体和精神松懈，而是坚持锻炼。相信等到疫情结束，回到校园，孩子们依然充满活力，拥有着健康的体魄。

感受国家的力量，构建家国情怀

感受国家的力量。在这次抗疫中，我们都看到了国家强大的力量。正是因为我们拥有强大的国家，才能够以世界上最快的速度熬过疫情的艰难时刻；正是因为全国人民团结一心，共克时艰，才能让国家的措施有效地实行。每个人都从这次艰难的"战役"中感受到了身为中国人的骄傲与自豪，我们的孩子也不例外，这也是对孩子们进行的最好的爱国教育。

亲身参与抗疫。孩子们通过做一些自己力所能及的事情，为抗击疫情作着贡献。除了自觉居家、做好防护之外，孩子们还积极响应抗疫作品的征集。绘画、手抄报、诗朗诵、唱歌、跳舞……孩子们以各种各样的形式，用自己的特长创作为抗击疫情加油的作品，给一线工作者们加油打气。一些孩子还自己动手，将疫情期间的各种数据表绘制成了图表，并加以分析，为抗击疫情加油。还有一些孩子，捐出了自己的零花钱、压岁钱，为医护人员购买防护用具，为身边的社区工作者们送去温暖。相信孩子们通过亲身参与线上抗疫活动，将会懂得敬畏生命、感恩生活、学会成长，也在心中树立起了家国情怀。

2020年4月4日清明节，为表达全国各族人民对抗击新冠肺炎疫情斗争牺牲烈士和逝世同胞的深切哀悼，我们的国家在这一天举行了全国性的哀悼活动。所有中国国旗降半旗，防空警报拉响，各类车辆鸣笛，在这响彻天际的哀鸣声中，人们静默无声，驻足肃立，为在此次疫情中逝去的生命默哀，向牺牲的英雄们致敬。在这样庄严肃穆的气氛中，国人无不心中悲恸，相信我们的孩子们内心也受到了深深的震撼。孩子们亲身经历了这场可以载入史册的抗击疫情的战斗，对于爱国的理解会更加深入。

第一章
道德引航

树立榜样，孩子们立志为社会作贡献

榜样的力量。这次抗击疫情涌现了一批冲在前锋、带领人们克服困难的英雄。84岁的钟南山爷爷、主动请缨参与重症和危重症患者救治的李兰娟院士，以及抗疫在一线的医生和志愿者等，他们舍生忘死，放弃了与家人一起共度春节的时间，离开了自己的家庭、亲人，冲在一线，用自己的力量为中国抗击疫情作出了重大的贡献。这些英雄都为孩子树立了良好的榜样，让孩子明白了，自己现在居家安全地生活，是因为有这些人在负重前行。榜样的力量是强大的，他们让孩子们明白了责任、奉献、集体主义等各种美好的品质，在孩子们心中种下美好的种子。

钟南山爷爷在给全国中小学生的回信中写道："你们是未来的接班人，希望你们好好学习，投身于祖国的建设，不惧艰辛、勇敢前行！"孩子们感受到钟南山爷爷在信中对自己的期望，也纷纷立志，要做一个像钟南山爷爷一样，建设祖国、奉献社会的人。

立志为社会作贡献。这次疫情也引发了孩子们的思考：自己未来可以为社会做些什么？有的孩子在看到电视上报道，有很多的医生叔叔和阿姨不顾个人安危前往武汉去抢救病人，为了节约时间救助病人饿着肚子、睡不了觉，看到这里，他们的眼里总会有闪闪的泪花；当父母讲病毒的故事，病毒是如何传染的，科学家是如何和病毒作斗争时，孩子都是很认真地听，说自己也要努力学习，长大也要成为科学家。

关于这个思考，孩子们也纷纷在线上与老师和同学们分享自己的志愿，"以后我要成为一名救死扶伤的医生""我以后想做科研，为人类作贡献""未来我想做一名警察，帮助许许多多的人""以后我要努力学习报效祖国"……孩子们纷纷立志为祖国作贡献，看着这些美好的愿望和远大的志向，仿佛看到了孩子们一颗颗炽热的赤子之心。

孩子们作为社会主义的建设者和接班人，在未来的二三十年，在实现社会主义现代化，建成富强、民主、文明、和谐、美丽的社会主义国家的阶段，他们是社会的中流砥柱。孩子们在小小的年龄经历了这次疫情，家国情怀会厚植于心，拥有着对祖国深深的热爱和远大的志向，相信他们在未来会成为优秀的国民表率、社会栋梁。

家庭教育小贴士

抗疫时期，如何培养孩子们的家国情怀

1. 学习卫生安全知识，提升卫生安全意识，做安全卫生的宣传员。

2. 珍惜生命，最重要的就是要拥有健康，注重健康，加强锻炼。

3. 做一些自己力所能及的事情，为抗击疫情作贡献，为身边的社区工作者们送去温暖，学会懂得敬畏生命、感恩生活，学会成长，在心中树立起家国情怀。

4. 榜样的力量是强大的，他们让孩子们明白了责任、奉献、集体主义等各种美好的品质，在孩子们心中种下美好的种子。

第一章
道德引航

防疫"超长假期",孩子们获得哪些成长

2020年注定是令人难忘的一年。由于新冠肺炎疫情肆虐,在新春伊始,突如其来的灾难给学校的老师和孩子都上了生动而又深刻的一节社会课。心理学的实践和研究也表明,生活中重大事件的降临会加速孩子的心理成熟和能力提升。

根据疫情的情况,教育部门提出延期开学,也希望孩子们在家"停课不停学"。空中课堂、网络直播课迅速成了家长们讨论的热门话题,在家学习,大势所趋。我们知道,任何事情都有它的两面性,虽然在家学习时没有了老师、同学在身边陪伴,少了课堂上的乐趣,但新的学习形式也会给孩子们带来新的收获。那么,经历这次疫情,在家中生活和学习的孩子们收获了哪些成长?

生活更加独立

我们知道,许多孩子的家长都是双职工,白天需要去上班、工作,甚至有的家长还是医护工作者,需要到一线抗疫。在延期开学期间,孩子们白天没有家长陪伴,有的孩子一直跟随爷爷奶奶生活,就需要慢慢成长,在生活上更加独立。

在延期开学期间,为丰富学生居家学习生活,落实"立德树人"根本任务,将疫情转化为教育契机,学校坚持"五育"并举,在线上课程中开设了"劳动能手"栏目。通过各种家务劳动小视频,以及美食制作小视频,引导孩子们在家庭中开展各种劳动实践。通过各种动手实践活动,引导学生关注身边人、身边事,为家人服务,为家庭作贡献。

学校看到孩子们的反馈，在家学会了独立做家务。孩子们在家中每天早起帮家长扫地、拖地；吃完饭后主动收拾桌子、帮爷爷奶奶洗碗；跟奶奶学习厨艺，蒸馒头、蒸包子；帮奶奶择菜洗菜；自己也学会了做自己最爱吃的饭菜，每一次做饭都是那样的乐在其中……

更有一些孩子，不仅仅可以照顾好自己、帮助家长做家务，还可以照顾好自己的弟弟妹妹，为父母减轻负担的同时，也成为弟弟妹妹良好的榜样。

学习更加自主

孩子在家学习，一开始许多家长都很焦虑，会担心孩子上网课的效率不高，然而这恰恰是一个培养孩子自主学习能力的好时机。对孩子来说，从小学到大学的学习过程中，他们最需要也是最重要的能力就是"学会学习"，这种自主学习能力将贯穿在孩子个人发展的各个方面。在家学习过程中，没有了老师的监督、没有了在教室里的各种约束，孩子可以借助各种网络课程资源进行学习，这时候就需要培养学生的自主学习能力。

对于年龄小的孩子来说，自主学习还是有一定难度的。刚开始学习，学生们都是简单地看看视频，没有任何学习痕迹。后来在老师的建议下，纷纷准备笔记本开始学习，从一开始的寥寥几行，到后来的清晰详细，甚至有的同学还绘制出思维导图，作出图文并茂的笔记；课后，同学们还会依据老师的引导，进行自主的拓展。

在假期中，我将自己的教学经验进行总结提炼，录制了一系列《朝实微课堂》的视频，主题为"学好数学并不难"，旨在教会孩子学习数学的方法，提高孩子学习的乐趣、兴趣和智趣，让孩子主动学习，提高学习能力。这一系列的视频一经发布，获得了家长和孩子们积极的反馈。

学生们经过一段时间的学习，纷纷探索出了最适合自己的自主学习方法，学习效率也得到了很大提升。

我们收到很多家长的反馈和孩子的分享，在老师和家长的鼓励、引导下，孩子们在家中自己制订了学习计划，自己规划时间，安排在家的生活，学着做时间的主人。比如，每天6点30分起床，早上7点准时英语晨读，8点开始在线学习、读书口算，到锻炼身体、家务劳动……每件事情都安排得井井有条。

在这个超长假期中，孩子们按照计划，让每件事情都有序地进行。在自律的学习与生活中，孩子们自主学习的能力慢慢得到提升，相信这会对孩子未来的学习有着非常大的帮助。

形成积极的心理品质

当今社会竞争激烈，人们的心理压力大，加之个别父母在家庭教育中存在一些问题，使孩子缺乏良好的生活环境，导致一些学生在这样的环境下心理比较脆弱，表现在性格上，就会出现大大小小的问题。如无法集中注意力、胆小腼腆、容易焦虑等。而家庭是孩子性格养成的摇篮，家是让他们身体和心灵感到安全的地方。在居家期间，家长有大量的时间陪伴和教导孩子，家长和老师通力合作，通过正确的引导，有助于孩子形成积极的心理品质，克服性格上的弱点。

学校有一个学生小颖，在上学期的学习中表现不太好，学习能力较低，对许多知识掌握不好。在这个特殊时期，小颖的妈妈抓住机会，及时和班级老师进行一对一的沟通，帮助孩子改变学习状态不理想的现状。老师和家长经常进行沟通。老师从孩子的学习状态、书写情况、完成度、心理情况等方面分享经验。老师在沟通中，一方面鼓励孩子，另一方面肯定、鼓励妈妈，疏解妈妈的焦虑情绪，在后续反馈时对孩子的问题及时提出解决方法，并及时追踪。现在小颖已经从一开始的敷衍、抵触学习，到了能独立用20分钟完成原本需要40分钟的练习，并且正确率大大提升。孩子的妈妈也从一开始的烦闷愁苦变得言语轻快。

还有一个孩子,平时在学校课堂里比较羞涩、不善于表达,而在居家上网课期间,表达方式就由用语言表达转变为用文字表达,通过屏幕和老师同学沟通。老师们发现,这个不善口头表达的孩子,用文字表达时特别积极活跃,这种情况下孩子跟老师的交流增加了,也便于老师更好地了解和引导孩子。面对老师的关爱,他会回复老师、感谢老师的鼓励。孩子每天不断努力着,不仅展示自己的学习过程、学习成果、体育锻炼项目,还积极展示自己丰富多彩的课余生活。相比之前在大家面前的羞涩,这段时间以来,呈现在大家面前的是一个阳光快乐、积极进取、自信大方的小少年。看到孩子的进步,作为老师也感到欣慰和快乐。

收获和谐美好的亲子关系

假期延长,让孩子和家长们有了很长的相处时间。可是随着相处时间越来越久,亲子关系中也出现了许多矛盾和"危机"。2020年3月初,我在北京卫视《老师请回答》节目中为家长们提供了一些维护良好亲子关系的方法。如"图片管理法"可以鼓励孩子完成每天任务;"抽签法"让家庭生活变得丰富多彩;"分区法"让宅家的生活充满仪式感……这些活动都需要家长的参与,在活动中进行交流、沟通、合作,不知不觉中家长和孩子的关系就会更加亲密,能够有效地减少亲子矛盾。

许多家庭实施了这些方法之后,孩子们在家中的学习与生活增添了不少乐趣,也更加地理解和爱自己的父母。一个孩子说:"真的特别感谢爸爸妈妈,我宅在家中,依然会有不同的体验。在看电视节目的时候,陈校长还说到了'人生900格',也让我很感动。原来把人的一生划分为900个格子,那么我和爸爸妈妈能在一起的时间只有短短的一两格,我一定要好好地爱他们,珍惜这些美好的时光。"

纵观漫长人生,父母和孩子相处的时间是难得且珍贵的,特殊时期,不仅要注意身体健康，守护好"亲子关系"也是至关重要的。良好的"亲子关系"不仅对孩子的成长有深远的影响，亲子之间共同创造的美好回忆，也值得我们用一生珍藏。

提升人生格局，培养家国情怀

在疫情期间，在家长和老师的引导下，孩子们时时刻刻关注疫情、关注时事新闻。孩子们通过这次疫情看到了国家一方有难、八方支援，更加理解了中国人民的团结、国家的强大，明白了美好生活的来之不易——我们居家的同时，一线工作者正冒着生命危险负重前行。

在延期开学期间，学校高度重视学生思想教育工作，利用班级微信群，开展网络班会活动。一方面教育学生在与灾难抗击中学习成长，另一方面引导学生与抗疫主战场同舟共济，弘扬民族精神。

在班主任老师的引领下，各年级、各班级，所有学生全员参与，分别以"关注疫情、为中国加油""我眼中的钟南山""向一线白衣战士致敬""特殊时期学会自我管理""亲子活动创建融合家庭"等各种弘扬主旋律和正能量的话题为契机，带领学生一起学习、讨论和实践，引导学生在这样一个特殊时刻，学会关注自我、关注他人、关注社会。看着孩子们亲手为抗疫工作者制作的手抄报、画作、工艺品，一首首生动真挚的诗歌，一篇篇充满感恩与敬佩的文字，一个个清晰详细的疫情统计图表，仿佛看到了孩子们一颗颗热忱的赤子之心。

相信孩子们通过亲身参与线上抗疫活动，将会懂得敬畏生命、感恩生活、学会成长，不仅提高人生格局，也在心中树立起了家国情怀。

2020年初的疫情来势汹汹，孩子们虽然待在家中，却也没有停下自我提升的脚步。在家校的共同协作下，孩子们从生活技能、学习能力、心理品质都得到了提升。"独立自主"是他们在特殊时期的成长关键词；美好的亲子关系让爱在父母与孩子的心间流淌，满满的家国情怀让孩子们更加热爱祖国、感恩社会、敬畏生命……特殊时期孩子们有特殊的成长，相信这将是他们人生道路中难忘的一程，这个时期的收获与成长将为他们以后的人生铺垫美好色彩。

家庭教育小贴士

防疫"超长假期"，孩子们获得哪些成长

1. 通过各种动手实践活动，引导学生关注身边人、身边事，为家人服务，为家庭作贡献。

2. 在这个超长假期中，孩子们按照计划，让每件事情都有序地进行。在自律的学习与生活中，孩子们自主学习的能力慢慢得到提升，相信这会对孩子未来的学习有着非常大的帮助。

3. 家庭是孩子性格养成的摇篮，家是让他们身体和心灵感到安全的地方。在居家期间，家长有大量的时间陪伴和教导孩子，家长和老师通力合作，通过正确的引导，有助于孩子形成积极的心理品质，克服性格上的弱点。

4. 特殊时期，不仅要注意身体健康，守护好"亲子关系"也是至关重要的。良好的"亲子关系"不仅对孩子的成长有深远的影响，亲子之间共同创造的美好回忆，也值得我们用一生珍藏。

5. 以各种弘扬主旋律和正能量的话题为契机，带领学生一起学习、讨论和实践，引导学生在这样一个特殊时刻，学会关注自我、关注他人、关注社会。

第一章
道德引航

面对疫情信息，如何教育引导孩子

新冠肺炎疫情肆虐，假期延长、开学延迟，给孩子的学习与生活带来了翻天覆地的变化。人们的正常生活被打乱，身处疫情旋涡之中的我们，更是遇到了各种困难和挫折。疫情防控期间，网上流传的信息特别多，鱼龙混杂，家长还有孩子们都能够获取各种信息。在这种情况下，如何运用这些信息对孩子进行恰当的教育，是非常考验家长教育智慧的。家长应该如何引导孩子将疫情的危险转化为教育和学习的机会呢？

首先，家长可以引导孩子学会辨别信息，用知识武装自己。可以和孩子一起讨论获取真实和权威信息的途径，引导孩子学会获取科学正确信息的手段和方法。关于疫情的知识和信息铺天盖地，真假莫辨，家长要引导孩子不信谣，不传谣，要从正规渠道了解防疫信息，比如，可以从《人民日报》、新华社等官方媒体获取信息。引导孩子学会科学获取正确信息的手段和方法，有利于培养孩子的信息提取能力。

利用丰富的网络资源，和孩子一起学习病毒及相关疾病的防御知识，包括病毒的类型、病毒传播的途径、病毒感染细胞的方式、病毒对人类健康的危害等，培养孩子对大自然的敬畏和保护自然生态的意识。同时也要给孩子树立榜样，少出门、少扎堆聚集，如必须要出门一定要戴好口罩做好防护。不接触病毒传染源，家里做好消毒通风，如出现流涕、咳嗽症状也不要过度惊慌，要理性就医，配合医生治疗。

其次，家长要对孩子进行心理健康教育，培养孩子积极向上的心态。

面对疫情的各种报道，每天不断上升的疫情数据会让孩子产生一些不良情绪，同时外界散播的一些疫情不实消息也会让孩子在心理上造成恐慌。长时间封闭在家，不能出门，不能购物，也不能到学校上学，孩子的学习和生活节奏也被彻底打乱，种种情况都可能让孩子产生急性应激障碍症。

应激障碍症是指人在心理、生理上不能有效应对自身由于各种突如其来的，并给人的心理或生理带来重大影响的事件，如地震、火灾、水灾、传染病流行、战争以及重大交通事故等灾难发生所导致的各种心理生理反应。孩子可能在认知、情绪、行为上产生一些心理应激反应，如过分焦虑、害怕自己和家人感染病毒、抑郁、紧张、胸闷、心跳加快、呼吸急促、食欲不振等，这些现象是孩子面对疫情心理压力的不良表现。

面对网络上众说纷纭的疫情报道，一方面家长要缓解孩子的心理压力。教育孩子不要恐慌，不要过度悲观。新冠肺炎疫情肆虐猖狂，正常生活都被打乱，身处疫情之中的我们，更是要保持清醒的头脑。另一方面家长要时刻关注孩子心理变化，加强他们对疫情事件的认知。科学认识对待疫情，促进其形成健康的人生观以及积极的生活态度。

家长要引导孩子不要过多关注疫情本身，不要过度担忧，讲清楚这种不良情绪会对免疫力产生影响，甚至会导致免疫力下降。家长可以引导孩子关注一些其他有益的事情，如让孩子学习做家务、一起做手工等，来分散孩子的注意力，避免其长时间接触负面的信息，产生不良的心理反应。同时注意保持愉悦的心情，坚持在家进行身体锻炼，乐观自信的心理状态以及健康的体魄是最强大的免疫力。

最后，家长要让孩子体会疫情防控期间的家国情怀以及祖国的强大，增强孩子的自豪感。新冠肺炎疫情暴发以来，从党中央高度重视、周密部署，到各地区各部门紧急行动、紧抓落实，再到各行各业众志成城、团结奋战，都展现了一个大国一方有难、八方支援的情怀。在数以千万"云监工"的在线督战下，仅用10天时间，万众瞩目的火神山医院就从一片荒地上拔地而起。

第一章
道德引航

习近平总书记强调:"中国人民在疫情防控中展现的中国力量、中国精神、中国效率,展现出来的负责任大国形象,得到国际社会高度赞誉。"①

家长要向孩子传递中国精神,增强孩子的自信心,培养孩子的家国情怀。正是因为我们拥有强大的祖国,才能很快稳住局面,资金、物资和人员能被快速组织动员和调配,疫情防控工作才能开展得如此出色。

新冠肺炎疫情发生以来,中国一手抓疫情防控、一手抓经济发展,打赢脱贫攻坚战并持续推动高水平对外开放,成为目前全世界唯一经济呈正向增长的经济体。

家长要积极向孩子传递国家正面的形象,培养孩子的自豪感。在这场无声的战争中,有很多"最美逆行者"。他们不是英雄,却胜似英雄,家长要引导孩子学习他们无私奉献的优秀品质,培养孩子优秀的人格。

作为父母,应时刻关注孩子心理变化情况,帮助他们提高对疫情事件的认知能力,建立对待疫情的科学认识,促进其形成健康的世界观、人生观、价值观,培养其形成健康的积极生活态度和健全的人格。

家庭教育小贴士

面对疫情信息,如何教育引导孩子

1. 家长可以引导孩子学会辨别信息,用知识武装自己。
2. 家长要对孩子进行心理健康教育,培养孩子积极向上的心态。
3. 让孩子体会疫情防控期间的家国情怀以及祖国的强大。

---

① 光明网:《战"疫"中,习近平强调这样的中国精神》,https://m.gmw.cn/baijia/2020-05/06/33804858.html。

孩子的成长方向如何定位

最近很多家长反馈,看完《家庭教育点滴谈》以后,觉得讲解的内容确实非常符合目前家庭教育的实际,家长也特别认同这些教学的方式、方法。但是在实际应用的过程中,家长还是不知道如何去运用。

其实,家长不知道应用的关键一点就在于,家长不知道如何去定位孩子的成长方向,不知道自己到底要培养的是一个什么样的孩子。之前有一个家长跟我沟通时,就向我咨询孩子的成长方向如何定位?

我说,第一,不触犯法律底线;第二,不触犯道德底线。其他的,孩子做什么事都可以接受。

家长听后说道:"这对孩子的要求是不是太低了。"我说其实不低,这是挺高的要求。能够做到这两条,孩子教育的整体方向就是准确的。不触犯法律底线,意味着孩子要有正确的世界观、人生观、价值观。孩子需要慢慢地去了解法律,然后去规范自己的行为。不触犯道德底线,其实是很难的。即便是对我们成人来讲,不触犯道德底线都不是一件容易的事情,对于孩子来说,就是一项更高的要求了。

很多家长非常关注孩子的学习成绩,认为孩子成长方向就是考取好成绩,以后上一个好大学。孩子今天考试成绩好了,或者是某件事做好了,家长觉得非常开心,心情愉悦。但是如果孩子考试成绩没考好,家长有的时候就会质疑:"怎么才考那么点分?"然后孩子可能会支支吾吾地说:"爸爸妈妈,如果这次考试我能够再细心一点这两道题我都可以答对,这样的话我就能再提高很多名次。"孩子的考试成绩这类话题在家庭里面一般都不会构成很严肃的、很焦虑的问题,但是有些家长就过分重

第一章
道德引航

视成绩，如果孩子一次考试没考好，可能就会遭到家长的谩骂与惩罚。

家长不要以学习成绩作为一个目标，去引导孩子。胜败乃兵家常事，没有谁永远是常胜将军。家长不应该过多关注孩子的名次，而是应该让孩子在每一次考试中学会查漏补缺，总结经验。是什么原因考试考得好？什么原因考得不好？针对没有掌握好的知识点进行针对性的学习。在每一次考试中获得失败的体验，才能为后来的成功奠定基础。

如果孩子身心健康，品行端正，懂得去换位思考，愿意承担责任，就是一个好孩子。家长不能只以成绩作为评价和判断孩子的标准，而是要采用多元的评价标准。有些孩子虽然学习成绩不是特别好，但是他品行端正，为人处世正直大方，乐于助人，也是一个好孩子。

以成绩的好坏来定义一个孩子好坏是片面的。家长眼中的差距只是关注了学习成绩，而很少关注学生德智体美劳整体的健全发展。大部分孩子学习成绩不好很可能是没有养成一个良好的学习习惯，没有从小树立明确的目标和要求。或者有的时候老师在讲课他的思想就开小差了，注意力被分散了，导致没有听到老师上课讲解的知识。只有家长找到孩子出现问题的根本原因，才能针对性地解决问题。

那么孩子的成长方向如何定位呢？

第一，要帮助孩子树立明确的发展目标。当孩子有一个明确的目标和方向时，在做事的时候才能有方向。成功的道路是由目标铺成的，明确的目标能够指引孩子未来前进的方向，在面对困难与挫折的时候，孩子会为了这个目标持之以恒地向前迈进，主动把握机遇，用积极、乐观的态度去面对人生。在遇到困难与挫折的时候也能够及时根据目标调整自己的行为，实现自身的成长与发展。

第二，家长对孩子要有耐心。孩子年龄尚小，学习能力是有限的，家长不能从自身的角度来要求孩子，而是要根据孩子的身心发展规律因材施教。很多事情孩子需要家长与老师的引导，当孩子出现问题时，家长不能着急，要理解宽容孩子的错误，学会耐心教导，帮助孩子一起解决问题。注意不要训斥孩子，千万不要对孩子说："你怎么就这么笨！"不管孩子做错了什么，我们的家长都要对孩子说："没问题，下次你一定会做得很好，我相信你！"家长的信任是孩子成长的巨大动力。

有时候家长对孩子发脾气，出现一些语气很激烈或很不耐烦的态度时，孩子是很包容的。常常我们用一两句话敷衍一下，孩子就原谅家长了。孩子是给父母的奖赏，他们的出现不仅给父母带来很多的快乐，也是父母人生当中的小伙伴。有这样的一个小伙伴在家长的身边，给家长带来了那么多快乐，让生活更加丰富多彩，那么家长应该是感恩的。其实家长真正跟孩子相处的时间并不长，家长更应该珍惜和孩子相处的时间，对孩子进行耐心教导。

第三，家长要允许孩子去尝试，给孩子机会去获得更多的直接经验。孩子在面对压力的时候，会成长得更快。但是很多家长害怕孩子去尝试，害怕孩子吃亏，害怕孩子受伤。担心放开孩子去体验生活后，会出现"万一孩子没有那么自律"或者"万一没有学得那么好怎么办"的想法。所以很多时候家长刚刚放开的手又会不自觉地伸出来捆绑住孩子，束缚孩子的发展，继续帮孩子包办一切。

但是实际上孩子在安全范围内的直接体验会获得书本上无法获得的知识，真理无法被教导只能被体验，生命只有经验才能成长。孩子终究有一天会离开父母。如果孩子小时候被限制体验周围的生活，就会失去很多体验生活的机会，不利于以后的长远发展。孩子在小的时候体验得越多，他的阅历就会越丰富，在直接体验中能够获得很多书本上没有的知识和道理，更能明确知道哪些事情是法律和道德允许做的，哪些事情是违背法律和道德不能做的。由于孩子是靠自己经验得来的，这种记忆也会更加深刻，对孩子的影响也会更加深远，更容易在这个过程中锻炼自身自我保护、自主选择以及明辨是非的能力。

第一章
道德引航

第四，家长要根据孩子的发展特点明确孩子未来的培养目标。"望子成龙""盼女成凤"是家长们的普遍心态，但是现实与人们的期望往往有差距。人的成长是分阶段的，不能将成人要承担的压力放到孩子的肩膀上。有些家长自己的内心并没有确定好自己想要培养一个什么样的孩子，家长如果自己都没有明确的培养目标，更不能引导孩子进行相应的努力。

有些家长盲目地确立目标，希望自己的孩子未来能够成为博士、博士后、院士，还有的家长希望自己孩子未来能够拿到诺贝尔奖，希望自己孩子成为世界首富。这些目标的制定并没有按照自己孩子的身心发展来制定，脱离孩子目前发展实际的目标是毫无意义的，不能起到引领孩子发展的作用。

家长要根据孩子的发展特点，注重孩子的兴趣与爱好，根据孩子现有水平制定符合他现阶段成长的目标。首先，要营造一个愉快的家庭氛围，让孩子在轻松愉快的氛围中激发学习的自主性。其次，家长要注重生活中的随机教育，抓住教育契机，在生活中把握教育机会，让孩子在"玩中学，学中玩"。最后，要注重挖掘孩子的潜力，孩子是发展过程中的人，拥有巨大的发展潜力，要培养孩子认识世界的能力，不要为他制定未来的具体目标，不要出现"要训练他成为知名画家"类似的话语，更不要直接告诉孩子"你将来一定要成为一名宇航员或音乐家"之类的话，应该让他随着天性的发展，自己去作选择。

总之，比起家长盲目抢跑，更重要的是瞄准孩子成长的方向。方向对了，就不怕路远。

家庭教育小贴士

孩子的成长方向如何定位

1. 帮助孩子树立明确的学习目标。
2. 理解宽容孩子的错误，学会耐心教导。
3. 允许孩子去尝试，要给孩子机会去获得更多的直接经验。
4. 要根据孩子的发展特点明确孩子未来的培养目标。

第一章
道德引航

孩子追星，家长如何应对

当前孩子追星的现象越来越普遍，很多家长对这个问题比较关注。追星现象在近年来呈现几何级数的增长，尤其是高年级的女生尤为严重。

有些孩子追星已经达到了狂热的地步，不仅要收集自己喜欢的明星照片等，有的甚至每天晚上睡觉还必须抱着印有明星头像的抱枕才能睡着；生活中的衣着打扮模仿自己的偶像，完全失去了自我；当明星过生日的时候也会送生日祝福、送花，甚至达到了痴迷的程度，导致自己的学业荒废。

过分或盲目地追星，会影响到孩子的学习，不利于孩子的身心健康发展。花太多的时间去追星，还会严重耽误孩子的学习时间，从而使得学习成绩下滑。家长们面对这样的问题无所适从，但这是孩子成长必须经历的阶段，家长应该对于孩子追星的现象给予适当的理解，不要如临大敌，将孩子的爱好完全杜绝，如果只是简单地抑制孩子追星行为可能会出现适得其反的效果。

第一，家长要帮助孩子树立正确的偶像观，引导孩子正确认识明星。追星是孩子寄托希望和理想的一种表现，孩子们刚开始追星有的是被明星青春靓丽的外表吸引，有的是因为明星有一技之长，或在体育竞技上，或在艺术上。加上其外观英俊潇洒、风姿绰约，常常会吸引孩子的注意力，导致孩子从思想、行为和外表上去模仿学习明星的一些行为。在这个时候家长要抓住时机，树立榜样作用，引导孩子学习明星身上的优良品质。

有的家长发现孩子不学习、在追星的时候应对比较极端，有的家长甚至在发生冲突的时候把孩子的电脑给摔坏。这种教育方式不仅不会使孩子放弃追星，还会导致孩子和家长之间产生冲突和矛盾。作为家长，要引导孩子树立正确的偶像观。很多明星的身上都有强大的正能量，能让人对生活更加充满信心和希望，让消极的方面变得更少。引导孩子思考如何通过努力学习明星身上的优良品质，将来成为像他们一样闪耀优秀、有一技之长的人，将来能够帮助他人，奉献社会。

第二，要引导孩子树立正确的价值观。新冠肺炎疫情发生以来，很多医护人员冲锋在前，很多漂亮的女医生、女护士，为了减少感染的风险把自己的头发剪掉。为了人民的生命安全，无数青年干部夜以继日地坚持在自己的工作岗位，这些人也是"明星"。家长要慢慢引导孩子明白"明星"光环下的群体不仅是影视演员，也可以是千千万万、无数默默奉献的平凡人，他们在平凡的岗位上依旧为社会作出了巨大的贡献。

很多革命先烈和著名科学家，包括钱学森、邓稼先等，他们把自己的一生都奉献给了祖国，这些人才是当之无愧的"明星"。家长要在潜移默化中帮助孩子树立正确的价值观，要告诉孩子在社会上真正受尊重的人是为社会作出贡献的人，无论做什么工作，无论是一名科学家，还是一个普通的清洁工，都是值得尊敬的。

第三，家长要挖掘偶像的优良品质，因势利导，引导孩子主动学习。在孩子眼里，明星是快乐的使者，是美的化身，是最有成就的典范。很多孩子都非常向往明星的生活，并以此作为生活中的目标。

家长此时可以因势利导，去挖掘孩子喜欢的明星背后所作出的努力，俗话说"台上一分钟，台下十年功"，任何一个人要在一个领域有所成就都要付出巨大的努力，明星也不例外。要让孩子们看到明星成功的背后所付出的努力，引导孩子珍惜当下，努力学习，不断提高自己的技能，才能在将来成为一个对社会有用的人。

偶像崇拜是孩子对人生追求的体验，是人生的一个重要过程。因此，对追星现象和偶像崇拜家长既不要一概反对，也不要放任自主，而是要积极引导孩子学习明星好的品质，并以此为榜样，在学习和生活中严格要求自己，培养积极奋进的精神。

家庭教育小贴士

孩子追星，家长如何应对

1. 这是孩子成长必须经历的阶段，对于孩子追星的现象家长应该给予适当的理解。

2. 家长不要如临大敌，将孩子的爱好完全杜绝，如果只是简单地抑制孩子追星行为可能会出现适得其反的结果。

3. 家长要帮助孩子树立正确的偶像观，引导孩子正确认识明星。

4. 家长要在潜移默化中帮助孩子树立正确的价值观，要告诉孩子在社会上真正受尊重的人是为社会作出贡献的人。

5. 家长要挖掘偶像的优良品质，因势利导，引导孩子主动学习。

孩子花钱需要家长"教"吗

有家长反映自己的孩子喜欢乱花钱,只要身上有钱就会很快花完,换回一堆无用的东西,非常浪费。很多孩子钱用完了还不停向家长要,不知道什么是勤俭节约。其实在小学阶段对孩子进行金钱方面的教育是非常必要的,不仅有利于帮助孩子学会理财,还能培养孩子勤俭节约的意识。

随着家庭经济水平以及生活条件的普遍提高,孩子在成长过程中物质资源方面比较丰富,很多孩子对钱这个东西没有概念,导致乱花钱。因此,对孩子进行金钱方面的教育是非常必要的,需要从小去培养孩子对金钱的合理认识,引导孩子理性消费。

第一,增强孩子对金钱的概念认知。现在有很多孩子对钱没有概念,因为他也不需要为赚钱发愁,很多时候孩子自己也用不到钱。需要文具了家长就带着去超市,家长付款买好;需要的衣服、鞋子、书包和食物等生活必需品可能家长早就准备好了,所以孩子很少直接用钱购物,对钱自然没有过多的概念。孩子对钱的概念只有通过实际的消费才能基本理解,通过自己参与消费,才能真正明白,买一件玩具只不过是几分钟的事,而攒下买玩具的钱可能需要几个月的时间。

学校曾经组织孩子去国外参加10天的夏令营,有的孩子就能够把自己带的钱合理安排好,正好够用;有的孩子出去后没两天钱花光了,然后就开始跟同学借,这就表现出不同孩子消费的不同状态。

但是随着孩子对钱更深入的了解,有些孩子的花钱行为就会在这个过程逐渐发生转变。刚去商店的时候,孩子这也买、那也买,其实可能

第一章
道德引航

学校里面只是要求要穿黑皮鞋，可是孩子在买鞋的过程中，还买了好多自己喜欢的毛绒玩具或者一些文具等，买了一堆不相关的东西。孩子买的东西很多，但带的钱是有限的，所以后来孩子花钱逐渐理性了，因为钱已经被花得差不多了。刚开始孩子对钱的概念是感性的，想买什么就买什么，后来慢慢地发现钱越花越少，这个时候孩子就开始有意识地去节约用钱了。

所以有意识地引导孩子认识钱、学会合理花钱是非常有必要的。在花钱的过程中家长可以有意识地让孩子去了解一盒牛奶多少钱、一支铅笔多少钱、一个书包多少钱、一个本子多少钱。家长试着锻炼孩子去计算一年当中买文具需要花费多少钱，通过孩子的亲身体验以及记录，让孩子对钱这个概念有初步的了解。

第二，家长要教会孩子计划开支，合理花钱。当孩子手中有一定数目的钱时，家长要帮助孩子学会科学、经济地使用金钱。平时家长会给孩子不少零花钱，逢年过节孩子都会收到压岁钱，有时候孩子考试成绩好还会有爷爷奶奶额外给的奖金，有时孩子通过帮助妈妈干家务活也会赚取一些零花钱。这些钱到了孩子手中，如果没有大人的指导，有的孩子可能就会乱花，看到什么好玩就买什么，什么好吃就买什么，把钱就花光了。

这个时候家长可以引导孩子存钱，孩子可以在这个过程中，对花钱与存钱有基本的认识和了解，可以学习如何支配和使用自己的零钱，有利于增强孩子的理财意识。家长也要教孩子一些少花钱的方法，一个人只要在生活中尽量减少金钱的支出，手中的钱就会多起来。

为了更好地锻炼孩子的支配能力，家长可以尝试让高年级的孩子试着当家一个月，体验支配和使用金钱的过程，学习存钱的方法。正常家里的开销以一个月 3000 元来算，那么这 3000 元可以由孩子来保管，并计划如何合理开支。

例如，买东西之前家长要引导孩子必须要想清楚是否真的需要，可以让他在心里问自己，"我真的需要这个东西吗？""是不是有更便宜的东西可以替代打算要买的东西？"假如买一个2800元的VR眼镜，买完之后家里一个月生活费还剩下多少？这些问题可以帮助孩子认识到有些支出是不必要的，教给孩子购物的频率与时间。购物之前一定要列个清单，要根据自己的需要去买东西，不要见什么买什么。日常的花销可以用一个记账本记录花钱的过程。记账的目的就是培养孩子花钱的计划性，坚持每次花钱记账是非常有必要的。如果爸爸妈妈平时注意培养孩子的理财能力，就能够在潜移默化中教会孩子计划开支，合理花钱。

第三，用正确的积极的方式引导孩子利用金钱。有些孩子可能不经父母的允许，从家里私自拿钱消费，更甚者有些孩子在学校里面借了朋友的钱然后不还，直到老师找上家门家长才知道。出现这些情况的原因仍然在于孩子金钱观薄弱，孩子对金钱的认知浅显。很多孩子认为家里的钱只要自己拿到了就可以随意地消费，并且对于金钱的获得缺乏了解，不知道将金钱和劳动挂钩，意识不到偷拿父母钱的错误所在。

出现这些情况该怎么办？面对这种情况，家长一定要以正确的、积极的方式去引导孩子，当孩子偷拿家里的钱却没有得到及时纠正后，孩子就会认为这样的行为并没有什么不妥。进而对这种行为存在认知误区，当遇到需要花钱的状况时，就很容易再一次偷拿。所以家长一定要及时制止，告诉孩子钱是通过劳动挣来的。每个人需要通过劳动获得相应的报酬，没有人可以不劳而获。付出多少努力，才会获得多少报酬，偷拿家里的钱以及借钱不还的行为是不妥当的。

孩子花钱需要教，教会孩子花钱的技巧，最终是教授他们财商知识，"会"花钱的孩子日后才有可能成为一个靠能力赚钱的人。所以家长在日常生活中一定要注意引导孩子合理花钱，培养孩子理财意识。

> 家庭教育小贴士

孩子花钱需要家长"教"吗

1. 增强孩子对金钱的概念认知。
2. 教会孩子计划开支,合理花钱。
3. 用正确的、积极的方式引导孩子利用金钱。

如何依托互联网形成教育正能量

互联网的发展，深刻地影响和改变着人们的观念和生活，构筑起了全新的网络生活方式。网络的特殊性在给学校德育工作提供良好条件的同时，也提出了严峻的挑战。2017年，教育部发布的《中小学德育工作指南》就指出："积极建设校园绿色网络，开发网络德育资源，搭建校园网站、论坛、信箱、博客、微信群、QQ群等网上宣传交流平台，通过网络开展主题班（队）会、冬（夏）令营、家校互动等活动，引导学生合理使用网络，避免沉溺网络游戏，远离有害信息，防止网络沉迷和伤害，提升网络素养，打造清朗的校园网络文化。"作为教育工作者，一定要加强网络文化建设，开展德育管理和德育活动，减少和避免各种德育问题的发生，防患于未然。

一、互联网给学校德育带来了新的挑战

（一）网络信息的繁杂影响学生正确价值观的形成

学生在网络环境中，随时随地可以获取自己需要的信息，这为学生的学习和生活提供了极大的便利。但同时，网上信息的内容又是非常复杂的。既有科学健康的信息，也有很多伪科学甚至有害的信息。庞杂的信息会导致学生网络迷航，造成思想的迷茫。

在学生进行资料检索或者网络学习的过程中，很多网站缺乏监管，有的还故意放置一些具有诱惑性的链接；经常性出现一些不良插件或者窗口，极易分散学生的注意力。这些都对学生的学习造成负面影响，致使学生的学习目标迷失。

在这个价值观纷呈的时代，各种奇闻逸事、各种对于社会事件的争

议以及各个专业领域的不同见解，都可以通过网络以极其迅捷的方式抵达各种电子终端。小学阶段正是学生人生观、价值观初步形成的阶段，自我监控能力不强，极富好奇心，认知水平、辨析能力等都不成熟，新鲜事物对他们具有极大的诱惑力，在面对多元价值观时，学生难以作出正确的选择。网上的一些不良言论会对学生造成不利的影响。

(二) 网络信息的混乱易使学生失去自控力，产生依赖

网上的世界既是现实世界的延伸，又是现实世界的反映。现实中的事物，在网上容易被夸大，甚至会变成相反的东西，这就容易使学生思想产生混乱。网络是一个"身份丧失"的地方，在网上不仅可以匿名，还可以隐藏性别、年龄、职业和社会地位，面对这样的一个虚拟世界，稍不留神就会迷失方向。

网络中不乏色情、暴力、迷信等不健康的信息，容易刺激学生的感观，使他们失去辨别力。另外，网络游戏大多以"攻击、战斗、竞争"为主，长期玩飙车、砍杀、爆破、枪战等游戏，容易使游戏者模糊道德认识，淡化虚拟游戏与现实生活的差异。所以，网络里混乱的内容一旦让学生产生了依赖，便易使其沉溺其中，阻碍其健全人格的形成。

(三) 习惯网络对话，影响学生真实的人际交往

互联网使得个人见解的发表变得易如反掌，通过电脑和手机，每个人随时都可以发表自己的见解和"围观"他人的见解。但与此同时，人们却体验着"距离最近的陌生人"的感觉，甚至同桌吃饭的亲人之间也被手机或电脑阻隔着。甚至出现这样的现象：面对面无法交流的人，却是不折不扣的网络达人。

这些现象，对学生产生了潜移默化的影响。在节假日里，有的孩子宁愿放弃和家人一起出游的机会，而选择留在家里，沉迷于网络世界。有的孩子在网络世界中，神采飞扬、妙语连珠，但在现实生活中却是个性格内向、不善交际的孩子。这些巨大的反差，给德育工作带来了新的挑战。

二、利用校园网开展网络道德教育

面对互联网给学校带来的巨大挑战，朝阳区实验小学积极利用网络开辟德育工作的渠道和手段，既充分利用这一独特的教育资源，又形成防范机制，做到趋利避害。自2008年以来，学校构建了数字化校园，在建设过程中将德育管理的一些内容融入其中。设计了由信息发布、德育评价、班级空间、家校互动四个模块组成的德育平台。在系统中，教师、家长、学生采用实名认证的方式通过各子平台进行交流，师生共同营造良好的网络氛围。学生安全运用网络技术，接受网络道德教育，教师利用网络组织各种形式的教育活动，家长同步参与其中，形成教育合力，促进学生良好道德品质的形成。

（一）利用校园网开展全校性的教育活动

各种全校性的教育活动通过校园网络发布和分享，已经成为老师和同学们所熟悉的一种活动方式。活动的开展主要包括以下环节。

1. 发布德育活动方案

各种德育活动由学校德育部门先在校园网的"学习资料"上发布活动方案。具体包括活动的主题、目的、时间、人员、要求、方式、评价等各种细节的内容。力争通过活动方案使老师和同学清晰地了解活动的整体部署，明确自己在活动中的主要任务和所需要达到的目标等信息。

2. 分享活动过程和成果

在各班了解了活动的目的和要求之后，就可以开展活动了。在活动中，老师和同学会将在各种活动中的体验、收获、成果利用校园网中的"班级新闻"进行展示和分享。老师之间、同学之间，都会相互阅读和了解彼此活动的开展情况，并把自己的感受发表在"班级新闻"中作为留言。通过分享和评论，大家相互借鉴活动中好的经验和方式，取长补短，共同提高。

3. 评价反馈

在各班完成活动的展示和交流后，由学校德育部门整体考核活动的开展情况，依据活动部署的要求，对各班活动进行评价和总结，并将评价的结果发布在校园网上。在评价中，老师和同学们一方面可以看到活动中学校重点关注的内容，了解今后活动的方向；另一方面可以了解学校整体的评价情况，通过评价获得对自身的肯定。

(二) 利用校园网络平台的交流和评价机制促进学生习惯养成

1. 德育作业交流

德育作业是学校一项特殊的德育活动，是一种实践性的活动。鼓励学生通过亲身参与，获得体验，提升能力。各年级根据本年级学生的年龄特点和行为特点来设计本年级的德育作业。德育作业的内容可以是一次家务劳动、一个孝亲行为、一场家庭参观等。形式可以是一句话、一幅画，也可以是一个行动。例如，向爸爸妈妈学习，自己动手制作一道菜。从食材的购买，到食材的清洗和加工，再到食物的制作和品尝，让孩子亲身经历一个完整的实践过程，感受和体验真实的家庭生活，在实践和体验中提高生活的本领和技能。

通过不同形式的德育作业，各年级、各班级开展了丰富多彩的德育活动，将爱国主义、孝亲敬老、绿色环保等方面的内容融入其中。同学们的德育作业以新闻的形式发布在"班级空间"中，所有的同学都可以互相学习，取长补短。

2. 学生日常表现评价

过去对学生日常表现的评价往往是比较模糊的，老师的评价存在片面性和延时性。而利用校园网中的学生日常表现评价系统，则可以由任何教师，在任何时间对学生进行评价，同时这种评价可以记录，可以积累，可以及时反馈给家长。

学生的日常表现评价包括课上评价和课下评价两部分。课上评价是在每一节课,对每一个孩子进行过程性的评价。关注每个孩子的表现,从他们的发言、倾听、习惯、合作等多个角度进行评价。主要从激励的角度进行评价,给予学生"小星星"。而对于孩子在活动中的问题则采取比较温和的"提示"的方式,教师也都会采取比较平和的语气来提醒孩子改进某一方面的问题。同时,系统为每个孩子建立了一个评价数据库,家长可以看到一段时间以来,孩子在各门课程中获得的各个评价,了解孩子的纵向发展水平。除了课上评价之外,每位老师还可以对学生进行课下评价,老师们可以根据平时在生活中观察到的学生行为,对其给予及时的评价。这样,通过课上与课下相结合的评价方式,随时对学生好的行为进行鼓励和表扬,逐渐培养学生的良好习惯。

三、加强网络环境下的班主任工作

(一)利用班级空间栏目,凝聚集体向心力

良好班风的形成是建设好班集体的根基,是对每个学生产生潜移默化影响的重要因素。教师们充分利用校园网的班级空间栏目,对同学们进行宣传、教育和引导,利用班级新闻的宣传导向作用,打造班级文化,凝聚集体向心力,集体文明风尚悄然形成。

班级空间的管理核心是班主任,每个同学都有明确的分工和任务,并围绕着班级的所有活动开展。有记录活动过程的,有撰写活动稿件的,有进行拍照的,有进行信息上传的,大家为了完成共同的目标任务,各负其责。同学们在活动开展的前期、中期和后期的参与就是一种集体教育。

班级新闻记载着班级开展的各项教育活动,同学们的思想动态与班集体良好的精神风貌就通过网络班级空间的窗口展现出来。班主任充分发挥它的宣传、教育和导向作用,将班级内的好人好事及同学们良好的习惯、文明的行为、优异的成绩等方方面面的内容发布出来,展现了同学们良好的精神面貌,传播了集体文明风尚的正能量。

（二）利用博客系统，形成积极的集体舆论

博客是学生们自主进行交流和展示的网络空间。在学校和班级开展的各种教育活动中，学生获得的是最直接的感受，他们是亲历者、体验者。他们把活动的过程用文字记录下来，并将自己的做法、遇到的问题、处理的方法、真实的情感和看法表达出来。其他同学还参与热议，在评论中表达着自己相同的或不同的看法。博客成为学生自我教育、自我反思和自我提高的有效载体，突出了学生的主体地位，发挥了网络环境的教育功能。

（三）树立班内标兵，发挥榜样带动作用

榜样的力量是无穷的。班主任以优秀思想、优良品质和模范行为的学生来影响班内其他学生的思想行为，使他们从富于形象性、感染性和可信性的榜样中受到深刻的教育，从而带动更多的同学不断进步与成长。结合学校开展的评选与表彰活动，各班开展了"文明礼仪小标兵""优秀班级干部""优秀校长助理"等评选活动。各班通过讨论，达成共识，将归纳出的"评选标准"公布在博客之中，再通过制定班内和班外的责任岗，引导同学们在小小岗位中进行实践。并利用网络平台宣传阵地，结合班内的评比活动，进行公示和表彰。比如，争当"光荣升旗手""科技小明星""识字小明星""优秀少先队员""少先队大队委候选人""自理小标兵"等。在班级树立榜样的同时，也树立了班级的正风正气。同学们在榜样的带动下，不断进步，不断成长。

四、通过网络搭建家校联系的"彩虹桥"

家校合作的前提是信息的及时沟通，当家长了解了学生在学校的表现，才能够在家庭教育中作出调整，配合进行教育；当老师了解了学生在家的表现，才能够在学校教育中因人而异、因势利导做好教育工作。为此，学校开展了网络环境下的家校互动方式研究，意图通过网络的开放性、便捷性,达到家校个性化、目标明确的信息交互,提升家校互动的质量,从而更好地影响家庭教育,形成教育合力。

(一)建立利用网络与家长联系的工作规则

1. 合理分工,制度保障

为了规范网络家校互动,学校责成德育部门牵头此项工作,并将家校联系作为教师教育工作考核的一项重要内容。学校还对使用网络进行家校联系作了基本的指标规定,鼓励教师、家长为学生撰写成长日记。

2. 总结经验,互动交流

教师们积极响应学校的要求,热情参与互动交流,根据学生年龄特点和班级具体情况选择性地开展专题研究。学校也搭建平台,开展了多次专题研讨会,班主任工作室的成员通过案例研究、小型研讨、专题培训等方式研讨、总结了家校互动过程中的若干问题,并通过德育例会传达给每一位教师。

(二)建立多种方式的网络家校互动活动

1. 手机学习助手App

在整体教育环境的熏陶下,学生逐渐适应了网络学习模式,能够应用学校的校园网,以及各种App进行自主学习。例如,在雾霾停课期间,老师们利用学校"数字化校园系统"对各年级相应的知识点进行梳理,利用"手机学习助手App"的形式为孩子们布置阅读、听写、口算等学习小任务。孩子们兴致高涨,在"朗读小助手"的帮助下,录制自己朗诵的课文,上传分享、点赞;根据"口算小助手"的问题提示,输入自己的答案,提交后,马上检验是否正确。在游戏中,学生的语文、数学、英语技能得到了训练。这种寓学于玩的学习方式,让孩子们乐此不疲。

此外,数学老师使用电子书包布置作业,在线观察学生的学习状况,然后进行实时反馈。语文老师在微信群里和学生讨论读书情况,学生把自己的读书心得通过微信或学习小助手与老师同学进行分享。英语老师运用"一起作业网",指导孩子们学习。同学们在家也做科学实验,听音乐,进行简单的运动,虽然是在家里,但在教师的有效指导与调控下,学习生活和学校一样充实而有意义。同时,学校还通过北京数字学校远程教育自学平台、微课学习、自主学习等渠道和方法保障学生在家学习的有效性,真正做到了"停课不停学"。

2. 联系平台

校园网络上的"联系平台"让家长随时可以了解学生在校的各种表现。

（1）评价系统细致记录学生在校表现

老师们通过评价系统,对学生课上积极回答问题、帮助同学,哪个方面有进步等情况以电子星的形式给予评价。"小星星"自动生成系统积分,鼓励学生正向发展。系统还提供"小提示"功能,如果孩子们在哪些方面有待提高,老师也可以发送"小提示"并辅以说明,让学生知道自己要努力提高的方向。

通过评价系统的自动数据整理,家长在第一时间就可以了解自己的孩子一天的在校表现,也可以得到一段时间来对孩子课上课下表现的数据分析,这样家长和学校的联系变得更加有针对性。

（2）作业考试反馈进入个性化空间

在学校的家校联系平台上,学生的作业、考试等学业近况也一览无余地展现在家长和学生眼前,不论小型复习还是综合练习,不论单元考试还是期末测试,系统都能详细分析出每一个孩子在学习上的优势和不足,并提出有针对性的复习建议。为了保护孩子的隐私,家长只可以看到自己孩子的成绩坐标,了解孩子在年级平均水平的位置。通过联系平台,家长有能力借助系统功能辅助孩子进行有针对性的练习。

（3）班级活动空间全面展现丰富多彩的校园生活

丰富多彩的班级活动通过班级新闻、班级相册、师生博客、共享空间发布出来，这里是孩子们网上的精神家园，有着丰富的内容资源，展示着班级特色文化，展现着班级良好的精神风貌。家校联系平台自主筛选本班相关信息推送到家长页面，让家长在第一时间了解孩子班级发生的大事小情，并通过发表评论、网上互动的形式参与其中。

（4）成长日记

"成长日记"功能支持家长给学生记录"成长日记"，记录学生在家庭中的各种表现，以及家长进行家庭教育的方法和效果。家长将孩子在家的表现通过日记的形式记录下来，老师也可以了解学生的家庭教育情况，了解学生的思想动态。学校班主任工作室的老师们还根据系统提供的数据，开展了研究与探讨，以个性化案例研究为契机，有针对性地开展教育工作的研究。

在数字化校园系统全面使用的大环境下，学校开展的各种工作，都力争为学生打造洁净的网络空间，提供便利的网络交流环境，促进学生良好道德品质的培养。

家庭教育小贴士

如何依托互联网形成教育正能量

1. 布置不同形式的德育作业，引导孩子开展丰富多彩的德育活动，将爱国主义、敬老爱老、绿色环保等内容融入其中。

2. 通过课上与课下相结合的评价方式，随时对学生好的行为进行鼓励和表扬，逐渐培养学生的良好习惯。

3. 当老师了解了学生在家的表现，才能够在学校教育中因人而异、因势利导做好教育工作。

第二章 健康起航

JIANKANG QIHANG

第二章
健康起航

如何为学生构筑幸福健康的根基

2018年9月，习近平总书记在全国教育大会强调：要树立"健康第一"的教育理念，开齐开足体育课，帮助学生在体育锻炼中享受乐趣、增强体质、健全人格、锤炼意志[1]。党和国家历来十分重视学校体育和师生健康。党的十八大以来，以习近平同志为核心的党中央，十分关心体育工作，关心广大青少年健康。习近平总书记指出，身体是人生一切奋斗成功的本钱，少年儿童要注意加强体育锻炼，家庭、学校、社会都要为少年儿童增强体魄创造条件，让他们像小树那样健康成长，长大后成为建设祖国的栋梁之材[2]。

从2007年《中共中央 国务院关于加强青少年体育增强青少年体质的意见》将"健康第一"作为学校体育工作指导思想，到"开齐开足体育课"被写入《国家教育改革和发展中长期规划纲要（2010—2020年）》，再到中共中央办公厅、国务院办公厅印发的《关于全面加强和改进新时代学校体育工作的意见》中提出，学校体育应实现"以体育智、以体育心"，党和国家对青少年健康成长的关心是一以贯之的，而"健康第一"理念，不仅要在学校落实，更要得到家长的大力支持。

我国学生近视呈现高发、低龄化趋势，严重影响孩子们的身心健康，这是一个关系国家和民族未来的大问题，必须高度重视，不能任其发展。

---

[1] 人民网：《习近平在全国教育大会上强调 坚持中国特色社会主义教育发展道路 培养德智体美劳全面发展的社会主义建设者和接班人》，http://edu.people.com.cn/n1/2018/0911/c1053-30286253.html。

[2] 中国共产党新闻网：《习近平寄语青少年儿童：人生的扣子从一开始就要扣好》，http://cpc.people.com.cn/xuexi/n1/2018/0829/c385474-30257449.html。

俗话说："健康不是一切，但没有健康就没有一切。"当我们看到现如今的学生中"近视眼""小胖墩""病秧子"日益增多，学生体质差、爱生病、体育测试不达标……一系列不良现象和问题的出现严重影响了孩子们的学习和生活时，我们学校提出了"幸福人生从健康起航"的教育理念。

学校从2010年开始实施学生视力防控及干预工作。尽管学校当时近视率低于全区平均值3个百分点，但近视学生还是占到了学生总数的一半以上。针对这种情况，学校领导班子与卫生部门多次召开工作会，制定了一系列预防措施。

2010—2011学年度，我校的近视率为55.03%，针对这种现状，学校各个部门联手实施各项举措，确保孩子视力的提高。后勤部门随时对桌椅进行调整，确保教室内光线充足；教学部门严把作业量，把减轻学生的课业负担作为首项任务去抓，学生写作业的姿势也成为教师关注的重点；卫生部门还定期举行师生眼保健操比赛，加大眼保健操的检查力度，及时与家长沟通，关注孩子用眼科学性。

在对学生的视力进行有效防控的过程中，学校开始引进护眼仪。在此之前，学校与同仁医院的专家及护眼仪器专家进行了多次咨询、商讨、考察。2011年，学校以"爱眼护目，共享健康"为主题，成立了爱眼工作室，购置了40台近视防治仪，选取了视力易下降的三年级的边缘视力和视力不良的学生，到爱眼室进行眼护理，每天保证30分钟的物理护眼治疗，由专业的老师进行辅导，每个月进行视力监测。1个月后，29名参与试点的学生中有39只眼睛视力提升、15只眼睛保持视力不下降，总有效率占93.1%，效果非常显著。从此以后，学校大力开展护眼活动，利用中午休息时间，组织视力边缘及轻度视力不良的学生到爱眼室进行护眼活动。

假期是学生视力明显下降的时期，学校将护眼仪借给学生，引导学

第二章
健康起航

生在家中继续坚持治疗，家长进行监督，并将学生护眼情况反馈给学校，做到家校配合，共同防治。2012年8月，学校对爱眼室进行了改造，新增了20台设备。2013年11月，学校成立第二个爱眼工作室，使更多的孩子能够参与护眼活动。2014年上半年，学校通过多方的验证、了解，又引进了另一型号护眼仪器，并开设了护眼课，让学生有了专门的护眼时间。2015年学校又将90台护眼仪放进图书馆，供学生在看书的同时进行眼睛的护理。此后，学校陆续更新、增添设备，让更多学生都能享受到护眼仪的治疗。与此同时，学校在集团化办学的过程中，还将护眼设备推广到集团内的学校，让更多学生能及时护眼。

保持良好坐姿、书写姿势尤为重要。正确的书写姿势是学生保护视力的重要因素，但是低年级，特别是一年级的学生，在掌握正确书写姿势方面还存在困难。由此，学校为每名学生购置了坐姿矫正器，并把它安装在书桌上，学生写字时，可以通过坐姿矫正器来矫正自己书写时不正确的姿势，从而达到护眼效果。

随时关注视力变化。每学期学校都会进行两次全校视力大检查，其目的就是时刻监控学生的视力变化，随时调整、轮换使用护眼仪的人员。

合理使用丝带，保护明亮眼睛。为了让学生们时刻注意写字、看书的姿势，学校将彩色丝带引入课堂。丝带共分红、绿、黄三种颜色，长度为一尺，代表了不同的意义。视力好的学生佩戴绿丝带；视力较好的学生使用黄丝带引起警示；视力欠佳的学生则要佩戴红丝带。学生们将其挎到脖子上与手腕连接，一方面可以提示学生们自我调整不良坐姿；另一方面也是在暗示老师随时关注并提醒学生正确的读写姿势，给视力正在下降的学生更多关注。

为进一步从根本上提升学生的视力水平，学校还通过为学生减负，提高身体整体素质。学校为每名学生提供一个学校制作的小书包，这个小书包仅为A4纸大小。同时为了让学生减少家庭作业，学校将减负的落脚点定位在提高课堂 40 分钟的教学质量、教师精讲精练上，老师每天不留或只留少量的家庭练习。

课间时间到操场运动、远眺也有助于缓解视力疲劳。对此，从 2011 年 2 月开始，学校在上午增加了 40 分钟的体育大课间，开展各种身体素质训练。目前，学生们每天都有一节体育课，体育活动时间从国家规定的每天 60 分钟，延长到 105 分钟。

在推进课程改革的过程中，朝阳区教委为学校配备了电子书包。有的家长听说上课使用电子设备，质疑这样会损伤学生视力。实践证明，学校使用的 PAD 屏幕采用了电子墨水技术，让 PAD 页面的反光度与纸质书面的反光度一样。学生看 PAD，就犹如看纸质书，大大降低了对学生眼睛的刺激，可以有效保护学生的视力。

在保证教学质量的同时，学校防控近视工作在近几年取得了一些成绩，学生近视率不但没有上升，反而逐年下降，学生的视力水平在不断提高。学校学生的近视率从 2010—2011 学年度的 55.03%，逐年下降，到 2017—2018 学年度下降了 10 多个百分点，达到 43.80%。即便是在疫情期间，学生大量上网课的基础上，学生的近视率反弹的幅度也相对较小。

为了避免孩子出现假性近视或者近视，家长们都应该做什么呢？

首先，是要控制孩子近距离用眼的时间。孩子在看书、看电子屏幕的时候，时间不要太久，每 30 分钟左右最好能休息一下。在休息的时间，可以督促孩子做做眼保健操，眺望远方以及多看绿色植物，可以有效缓解眼疲劳。

其次，要养成良好的用眼姿势。在看书或者看电子屏幕时，眼睛和它们的距离要保持在 25~30 厘米，坐姿也要正确，不要趴着或者扭着身体，养成良好的用眼姿势，尤其不要在光线直射或者暗光的环境下用眼。家长在条件允许的情况下，可为孩子配备坐姿矫正相关仪器。

最后，要减少接触电子产品，增加户外活动。现在，因为网课的普及，孩子们接触电子产品的时间大大增加，但如果不是必须的话，最好减少孩子接触电子产品的时间，多带着他们去进行户外运动，放松眼睛。可以带着孩子去打羽毛球，或者是乒乓球，这类运动可以锻炼孩子的眼睛。

近视防控工作的难点在于它不是一朝一夕，它需要的是上下合力，齐抓共管，工作从细节着手，小到抓学生的握笔姿势或坐姿，大到用护眼仪器设备进行近视干预，以及种种护眼措施的实施，都要做到全校上下一盘棋，校长有号召力，老师们有行动力。学校今后会继续推陈出新，根据实际情况制定护眼措施，做到实时监测，有效防控。作为父母，要了解更多关于近视的知识，引导孩子正确用眼，保护好自己的眼睛。

家庭教育小贴士

如何为学生构筑幸福健康的根基

1. 要控制孩子近距离用眼的时间。在休息的时间，可以督促孩子做做眼保健操，眺望远方以及多看绿色植物，可以有效缓解视疲劳。

2. 要养成良好的用眼姿势，尤其不要在光线直射或者暗光的环境下用眼。家长在条件允许的情况下，可为孩子配备坐姿矫正相关仪器。

3. 要减少接触电子产品，增加户外活动。可以带着孩子去打羽毛球，或者是乒乓球，这类运动可以锻炼孩子的眼睛。

如何让食育助力孩子健康成长

食育，是通过食物、饮食相关过程进行的德、智、体、美、劳等多方面教育，从而培养未成年人健全的人格和丰富的人性。

解决食育问题，对中国孩子未来成长是一个巨大的好事。食育包含养育和教育两层含义。其中，孩子、教师、家长三个对象在"育"上扮演很重要的角色，家庭教育和家长引导很关键。

在我国，食育文化源远流长，既有"孔融让梨"等做人应该懂得礼让的经典故事，又有"饮食贵有节，做事贵有恒"的人生智慧。食育中蕴藏着众多深刻的国学精髓。我们中国文化强调天人合一，让孩子从小学食育，动手创作，浇水施肥，了解土壤与自然，也让孩子在食育中懂得劳动的重要性，从而更加尊重劳动、敬畏劳动，尊重粮食、敬畏粮食。

过去条件不太好的时候，孩子没有获得家长过多的呵护，可能没那么健康，但是整体抗病能力和状态却比现在的孩子好。因为现在养育孩子过程当中，不管孩子饿不饿，家长都会端着饭追着跑着去喂。原本，孩子饥饿会形成一个条件反射，但是现在很多孩子反射都没了。很多条件很好的家庭，养出来的孩子要么是小胖墩，要么是豆芽菜。

《中国居民膳食指南科学研究报告（2021）》指出，高油高盐摄入在我国仍普遍存在，青少年含糖饮料消费逐年上升，全谷物、深色蔬菜、水果、奶类、鱼虾类和大豆类摄入普遍不足。居民生活方式明显改变，身体活动总量下降，能量摄入和消耗控制失衡，超重、肥胖成为重要公共卫生问题，膳食相关慢性病问题日趋严重。《中国儿童青少年营养与健

第二章
健康起航

康指导指南 2021》也提出，我国儿童膳食的不合理，突出表现在蔬果、水产品、蛋类、豆类、奶类摄入量很低，未达到膳食指南推荐标准。在现实生活中，很多父母对孩子口味需求会尽量满足，也养成孩子对食物"爱恨分明"的态度。很多孩子饮食习惯比较随意，对于喜欢吃的东西不节制，对不喜欢吃的食物非常排斥，不少孩子偏爱高油高糖的食物，这些都会对身体健康产生极为不利的影响。

与此同时，学生的早餐问题还没有得到家长的足够重视。大部分孩子早餐和午餐都是在学校吃，早餐显得格外关键。早晨孩子醒来后，可能身体醒了，但是胃没有醒，这时候在家里未必吃得进去早餐，坐车到学校，胃慢慢被叫醒，然后再吃早餐是比较科学的，但是这也给学校工作带来了很多困惑，这项工作对老师提出较高要求，在吃饭之前批评孩子是不被允许的，对于孩子的健康成长是特别不利的。

食育的重要性得到了中外专家的高度认可，很多的国家都已经开设了食品科学课，比如说要让孩子们知道营养、过敏源，如何吃得科学以及尊重素食主义者。开展食育教育，需要家庭、学校、社会的共同努力。

从家庭维度来看，父母要根据《中国居民膳食指南》总原则来安排家庭饮食，每天的膳食应包括谷薯类、蔬菜水果类、畜禽鱼蛋奶类、大豆坚果类等食物。平均每天摄入 12 种以上食物，每周 25 种以上。各年龄段人群都应天天运动、保持健康体重。坚持日常身体活动，每周至少进行 5 天中等强度身体活动，累计 150 分钟以上。蔬菜水果是平衡膳食的重要组成部分，吃各种各样的奶制品，经常吃豆制品，适量吃坚果。鱼、禽、蛋和瘦肉摄入要适量。少吃肥肉、烟熏和腌制肉食品。父母可多关注中国营养学会等权威机构的营养指导平台，对于自媒体平台上的各类食育宣传，应持谨慎客观态度，理性认识"美食栏目"与"食育科普"的区别。另外，健康营养餐并不意味着要牺牲口感，在科学烹饪的指导下，一份营养餐也可以保持70%左右的口感，努力做好膳食搭配与口味调制，孩子就不会因为餐食"难以下咽"而排斥。家长有责任主动获取健康的生活方式，培养孩子养成良好饮食习惯，培养孩子制作食物的能力。同时，应积极建立食物与孩子的良好关系，可经常带孩子到农场、自然中感受食物的生命历程，参与劳作，促进孩子与自然的链接，增强孩子对食物的感恩之心和对自然的敬畏之心。

教育部联合国家卫生健康委等四部门联合印发的《营养与健康学校建设指南》要求，各地要通过试点先行、以点带面，逐步在辖区全面推广营养与健康学校建设工作。解决校园饭菜质量问题，需要学校更加关注学生的饮食健康，不只是校园陪餐制的落实，更要在饭菜质量、食品科学、食品安全等方面下功夫。由于学校老师、校长在饮食营养搭配方面缺乏专业知识，对饮食的判断仅停留在好吃与否、荤素搭配是否合理上。受限于知识面，老师们无法准确判断食物热量，以及脂肪、蛋白质、碳水化合物等配比是否科学。推广食育知识进校园，由专业的人士为孩子们的饭菜食谱合理配比保驾护航，能够让孩子们在学校里吃到科学的营养餐，为推动孩子们健康成长助力。

食育的"育"字并不唯一指向"课程"或"学校"，它其实是一个社会构造，需要社会各界的共同参与。因此，加强食育教育，还要统筹协调多方资源，共建食育教育综合示范基地，构建起食育社会大课堂，让学生接受更为广泛的食育教育，为健康中国奠基。

家庭教育小贴士

如何让食育助力孩子健康成长

1. 父母应加强食育教育，引导孩子摒弃高糖高甜等不良饮食偏好。

2. 平均每人每天应摄入12种、每周至少25种食物，包括谷薯、蔬菜水果、畜禽鱼蛋奶、大豆坚果四大类，食物尽量多样，以谷类为主。

3. 应积极建立食物与孩子的良好关系，可经常带孩子到农场、自然中感受食物的生命历程，参与劳作，促进孩子与自然的链接，增强孩子对食物的感恩之心和对自然的敬畏之心。

孩子为何会漠视生命

有位家长向我分享了一个案例,有一个6岁的孩子跳楼自杀了,他跳楼之前给奶奶写了一封信。这封信中有拼音也有错别字,看上去确实是孩子自己写的。

孩子在学校里不小心把学校玻璃打碎了,老师批评了他,并要求孩子赔偿。孩子非常恐惧,回到家以后一直不敢告诉父母,玻璃赔偿的费用一直没有给老师。

他最后留了一封遗书,说自己打碎了玻璃应该受到惩罚,然后就跳楼了。这个事件的发生确实让人非常心痛,孩子是整个家庭的希望,因为这么点小事让一个生命逝去,也是家庭教育的悲哀。

目前孩子的自杀率越来越高,这也引发了家长们对生命教育的思考,这些问题的背后反映了孩子生命伦理意识的淡薄和我国生命伦理教育的缺失。生命教育这个话题确实非常沉重,6岁的孩子就选择了自杀,虽然这件事非常极端,但是现在初中、高中、大学,都存在各种类型的自杀现象。自杀的背后也说明了孩子对于生命认识的缺失。

有些家长可能打孩子一顿,孩子一气之下就从楼上"咣"一下跳下去了;在学校里,老师多说两句,没收孩子的手机,孩子没准情绪一激动就出问题了;刚入学的大学生,原来一直非常优秀,但是到了大学以后发现同龄人也非常优秀,之前的优越感就会降低,心理就会产生巨大的落差,产生诸多心理问题,甚至轻生。

急功近利的教育方式把孩子打造成了"机器""工具",缺乏人文精神和教育关怀使得孩子更加迷茫、无助。如果孩子情绪得不到合理的调

第二章
健康起航

节和释放，久而久之，便会造成心理的障碍和抑郁，有的孩子甚至会选择极端的方式来解脱。

从造成生命教育缺失的根源来看，与中国整体的生命教育有关，中国人对死亡这个话题非常敏感，不愿意谈死亡。有的时候家长会觉得这个话题太悲伤，不吉利，常常会选择避而不谈。但孩子的心灵比较脆弱，经历的事情又比较少，所以一旦遇到困难的时候，父母又从未告诉过孩子死亡会带来什么样的后果，孩子自己无法解决这个问题时，可能就会走入人生的死胡同，走向极端，酿成悲剧。

另外，家长对生命教育缺乏正确的教育方法，一般不会对死亡这个话题有过多的讲解，因为讲解的时候又会有很多的矛盾。假如你跟孩子说在学校中遇到问题想开点，没有什么大不了的，千万不能跳楼啊，跳楼会摔死的。但是你可能又怕这个话题会引导孩子在走投无路的时候真的选择这种方式结束生命，所以这个话题确实非常让家长纠结。

生命教育是一个不能回避的话题，所以家长们必须特别清醒地看到这一点，今天你的孩子可能在你身边发展得很好，但是如果有一天孩子离开你的身边独自外出求学，当他面对人生的困难时，他能否自己处理好？他出现问题时是否会选择向你求助？

案例中6岁的孩子跳楼自杀，的确让人非常惋惜，要想杜绝这种悲剧的发生，我们就需要在日常生活中对孩子进行生命教育。孩子基本上从9岁开始，就已经对生命、死亡，有比较具体的认识了。身边的一些年长的老人，如爷爷奶奶、姥姥姥爷的去世，甚至是自己小伙伴身边的老人离世，都会让孩子对死亡有初步的认知。但是这个时候孩子在心理上是惧怕的，他不敢将死亡和自己的父母联系在一起，更不会和自己的生命联系在一起。

一味地躲闪，只会加重孩子对问题理解的困难，引发孩子的认知危机。因此，家长如何帮助孩子缓解这些情绪，帮助孩子解决问题是非常关键的。以往家长对生命教育并没有做过多的引导，反而是随着孩子年龄的增长逐渐认识的，客观上孩子能接触多少，就是多少。

家长还是要教育孩子从小正确认识生命，爱护自己的生命。我国传统文化中蕴含着丰富的生命观，孔子曾说："未知生，焉知死。"《论语·颜渊》中也提到"生死有命，富贵在天"。古人十分理性地看待生命问题，认为人的一生应该物尽其用，有所作为，创造永恒的生命价值。

古人非常重视生命教育，而我们今天又恰恰把重要的生命教育忽略了，甚至是不敢提及，这样的态度肯定是不对的。目前孩子对生命的认知更加浅薄，心理承受能力也更加脆弱。自杀率变得更高，是因为现在孩子的内心不够坚韧、不够强大，抗挫折能力差，为此父母要充分发挥教育智慧对孩子进行生命教育。

实际上今天面临的这个问题，是孩子本身没有具备正确感知生命以及死亡的能力，或者说他自己心里并没有触及、没有想过这个问题，当有一天必须要面对时，可能会对死亡存在误解。死亡不是游戏里的那种状态，有无数条命可以复活，死亡也不是动画片里那种从高楼上坠落，突然用超能力飞起来，最后人安然无恙。对于普通人来说，人的存在就是生命的存在，失去了生命也就意味着失去了一切。

家长应该怎么去教育自己的孩子正确面对生命这个问题呢？首先，我们要教育孩子珍惜自己的生命，只有教育孩子珍爱生命，才能让孩子更好地热爱生活。我们在孩子很小的时候就告诉他，孩子与父母之间是什么样的联系，孩子的五官像父母、性格像父母、鼻子像爸爸、嘴巴像妈妈，这是因为有爸爸妈妈的基因。孩子是父母爱的结晶，父母告诉孩子要爱护自己的身体，因为孩子如果受一点点伤，父母会非常伤心，也会非常心疼。

其次，家长不仅要教育孩子珍爱自己的生命，更要学会珍惜他人的生命。通过引导孩子理解生命的内涵，拓宽孩子对于生命理解的维度，提升孩子对于生命境界的认识,懂得坚守生命的意义。

同时,父母要多与孩子沟通交流,真正走进他们的心灵。父母不能一味地满足孩子的物质需求,要更多地关注他们的精神诉求以及心理健康,及时解决心理上的困惑。正确引导孩子保持乐观的心态,让他们对未来充满信心,树立远大理想,创造人生的价值。

生命教育绝不仅仅是传授生命伦理知识,更需要家长从思想上引导孩子正确地认识生命、敬畏生命、热爱生命。帮助孩子树立正确的生命观,并内化为行为自觉,进而创造生命的价值。

家庭教育小贴士

孩子为何会漠视生命

1. 家长要从小教育孩子正确地认识生命,教育孩子珍惜自己的生命,热爱生活。

2. 学会珍惜他人的生命,引导孩子理解生命的内涵。

3. 拓宽孩子对于生命理解的维度,提升孩子对于生命境界的认识,懂得生命坚守的意义。

4. 家长要多与孩子沟通交流,关注孩子的精神诉求以及心理健康,及时解决心理上的困惑。

男孩子缺乏阳刚之气怎么办

凛凛寒风中,北京市朝阳区实验小学的操场上,踢足球、打篮球、拔河、攀岩、玩双节棍的学生们玩得热火朝天。这些体育活动都是学校给男生"加钢"的项目。

根据近几年的观察,男孩子的阳刚之气不足已经成为一个普遍的社会现象。男孩子讲话的声音越来越小,稍微遇到点儿困难就掉眼泪,言谈举止中总是缺少应有的精气神。男孩子应该给人一种浑身散发着活力、很阳刚的感觉,说话、做事应该总是劲头很足的样子。但现在,很多男孩子却像女孩一样娇弱。

造成这种反常现象的原因是综合的,比较突出的是独生子女现象。因为只有一个孩子,他在家庭的成长过程中,本身就缺少性别定位的环境。很多家庭对孩子过于娇宠、呵护,尤其现在的生活条件好了,家长都想让自己的孩子生活得更幸福,大多数家长片面地以为让孩子获得充分的物质保障和少吃苦就是幸福。

除了家庭因素,另一个重要原因则是学校体育课不断受现实环境所迫,呈"温柔化"趋势。近30年来在应试教育的指挥棒下,校园体育被极大边缘化。虽然近年来教育部门及时纠偏,加强了学校体育教育,保证开足体育课,配齐体育老师,不少地方推出"每天在校运动一小时"的措施,但重智育、轻体育的观念短时间内难以扭转,加上一些家长对校园体育安全的过度担忧,导致学校体育教育束手束脚,陷入温柔化的怪圈,很多学校更是完全不开展对抗性体育运动。

在学校里开展为男孩子设计的"加钢"课程,通过对抗性更强的橄榄球、摔跤等一些有风险性的运动项目，让男孩变得更加勇敢、坚强。

不少家长在了解了男孩子"加钢"课程的意义后表示支持。其实，我们并不是要将孩子置于危险境地，而是要让他们学会面对困难和挑战。比如学轮滑，首先就要让孩子学会怎样去摔、怎样保护自己。我们希望向家长、社会传递这样的信息，就是对男孩子阳刚之气和抗挫折能力的培养要引起足够重视。

"打开App，上传运动的照片或视频，就可以获得相应的积分……"2021年新学年，朝阳区实验小学"运动健康助手"正式投入使用，以此鼓励全校学生积极参与运动。

"运动健康助手"是学校自主研发的系统，包括身体素质、专项技能、参与比赛、体育知识四个板块，记录学生日常的体育活动，从而督促学生坚持每天锻炼的习惯。学生每天运动打卡后都能获得相应的得分，凭借积分可以参与班级排名、年级排名。此外，运动健康助手知识板块，围绕北京冬奥会，设计相关知识内容，促进学生对冬奥知识的了解与参与。

从2013年开设了给男孩子"加钢"课程，我们开启了塑造"朝实男孩儿"的教育探索与实践。8年来，学校给男子汉"加钢"的课程深受男孩子们的喜爱。2021年，学校在原有攀爬课程的基础上，围绕学生综合能力发展，开展了"登山课程""跑酷课程""小裁判课程"等三门课程。"登山课程"旨在户外环境下，引导学生体验团队合作，锻炼学生的沟通和合作能力。该课程计划每学期开展3~4次，由学生自主报名，通过父亲参与的形式，重点培养小男子汉精神。例如2021年9月首期课程带领学生爬西山。"跑酷课程"在三四年级开展，此项内容是采用跑、跳、钻、爬、翻、滚、跨等技术动作，通过不同障碍物，发展综合身体素质的课程。"小裁判课程"则是围绕学校开展的各项竞赛活动，重点以足球项目为切入点，培养学生参与和组织竞赛的能力。学校通过这些个性课程的实施，提升学生综合运动能力，提高身体素质，养成运动的习惯，促进身心全面发展，形成全方位的校园体育氛围。

给男孩子"加钢"，还需要家庭的密切配合。我们希望男孩子长大后有责任感、有勇气，那么首先在他小时候就要给男孩子成长的空间，敢于放手让孩子去锻炼、去体验。父母不要过度包办，要让他有一种小主人的感觉，只有这样他才会从内心有一种自我提升以及独立的意识。

其次，家长还要做好适时的引导。有时候学校会发现男孩子对女孩的事情感兴趣，比如妆容和衣服，其实这只是他们在好奇而已，因为在他没有一个正确性别意识之前，对任何事情的好奇心都是允许的，学校要试着引导，让他渐渐明白自己和异性之间的区别。

最后，父母要注意引导孩子进行体育锻炼，让身体更强壮，让心态更强大。虽说"男子汉"气概不一定在体魄上有多强壮，但是适量的运动对孩子的健康来说非常重要，尤其是男孩子，这是一个人精神状态饱满的基础保障。要培养男孩子不怕挫折的心态，培养男孩子即便失败了也不能气馁、自我放弃的精神。

梁启超说：少年强，则国强。少年之强，不仅在于智力，也在于强健的体魄与意志。近年来，"花样美男"一词的流行，使得一些男孩子以"花样"为荣，但"花样"一旦成为主流，社会的阳刚之气也会随之减弱。学校招聘男教师，很多小伙子学历、身高、长相都不错，但整个人的感觉就是缺点儿什么，缺的就是男子汉的阳刚之气。所以，深切希望通过学校体育课程的重新设计，让男生以更强壮的身体和饱满的精神状态，去面对他们要扛起的社会责任。

> 家庭教育小贴士

男孩子缺乏阳刚之气怎么办

1. 从男孩子小时候就要给他成长的空间,敢于放手让孩子去锻炼、去体验。

2. 男孩子小时候对任何事情的好奇心都是允许的,学校要慢慢引导,让他渐渐明白自己和异性之间的区别。

3. 父母要注意引导孩子进行体育锻炼,让身体更强壮,让心态更强大。

孩子有了抽动症怎么办

目前很多孩子身上都会或多或少出现多动症的现象。有些家长问我，多动症很严重吗？多动症随着孩子年龄增长是可以慢慢改善的，但是我通过观察发现，学生出现多动症不是最严重的，现在学校里面出现频率比较高的是抽动症。

抽动症又称抽动障碍、抽动秽语综合征，是一种多见于儿童期、病因不明的慢性神经精神障碍性疾病，临床特征表现为慢性、反复性、刻板性的头、肩、肢体、躯干等运动肌肉快速交替抽动。这也是我们平时说的孩子经常强迫式的挤眼睛，或者说自己的身体不能支配眼睛，产生随时挤眼睛、耸鼻子、抬胳膊等行为。

抽动症是一种典型的生理因素和心理因素造成的社会性疾病。造成抽动症的原因一个是基因的问题，另外一个是孩子受家庭不良环境因素的影响，压力过大，产生焦虑心理。我们接触的有抽动症的孩子中，大部分都不是基因问题，主要是来自家庭各方面的压力，使孩子产生抽动症。研究表明，男孩抽动症的发病率会比女孩高一些。

秉承着不让孩子输在起跑线上的原则，现在很多家长对孩子的要求越来越高，有些家长对孩子的要求比较严格，甚至是非常严苛。在生活中，家长会因为孩子一点小事没有做好，就打击孩子。当孩子做错事情的时候，也不给孩子改错的机会，不分青红皂白就批评孩子，对孩子劈头盖脸地一顿臭骂，这样就使孩子在日积月累中逐渐产生了心理压力。同时有些家长会有一些从众心理，经常用别人家的孩子来对标自己家的孩子，看到别人家孩子学小提琴就让自己的孩子去学小提琴，看到别人

第二章
健康起航

家孩子学舞蹈也要给自己孩子报名。总是拿更高的标准来要求自己的孩子，总是拿自己孩子的短处与别人家孩子的长处进行比较，在孩子进步时也从来不夸赞孩子，这样就会给孩子带来越来越多的压力。

孩子在成长过程当中，需要家长的鼓励。当孩子有一点进步时，家长应该鼓励孩子，支持孩子。当孩子产生问题时，更需要家长、孩子和学校共同去解决，而不是一味地去指责孩子，给孩子压力，命令孩子在这个方面要做好，在那个方面也要做好。家长一直用权威来压制孩子的个性与诉求，不给孩子任何自主发展的空间，不满足孩子的需求，不仅会造成孩子心理的压力，长此以往还会使孩子产生焦虑情绪。焦虑的最终结果，就是孩子身体上慢慢地开始有不同的反应，抽动症只是其中的一种反应，更严重的孩子可能慢慢地就不喜欢与他人进行交流，不愿意开口讲话，逐渐自闭，这种情况也非常普遍。

当发现孩子有抽动症了，该怎么做呢？首先，在孩子得抽动症的期间，家长要注意增强孩子自身免疫力，尽量不能让孩子感冒发烧，发烧可能会导致孩子加重抽动症的症状。

其次，需要家长注意解决问题的方式方法。家长要学会倾听孩子的诉求，帮助孩子慢慢打开心结，通过交流，逐渐引导孩子，而不是压制、逼迫孩子。有的家长一看见孩子抽动了，就开始焦虑，什么时候才能改善这种状况？这个时候家长可能会这么说："你能不能不挤眼睛，什么时候能不耸鼻子！"家长的大声责备会让孩子更加紧张，情绪更加焦虑，行为也会更加不受控制。家长越让孩子别挤眼睛、耸鼻子，他可能挤眼睛、耸鼻子的次数越会频繁。这时，家长需要让孩子放松心情，要通过其他形式，分散孩子的注意力，使孩子注意力转移到感兴趣的活动上。通过缓解孩子的紧张情绪，减少自己对抽动部位的关注。例如，选择孩子感兴趣的事物进行引导，假如孩子喜欢积木拼装火车，家长可以与孩子一起进行火车的组装与拼接。家长会发现当孩子投入感兴趣的事物中时，孩子的注意力就会被分散，抽动的症状也会减轻。

最后，家长要相信孩子具备自我发展的能力，要尊重孩子的决定，不要替孩子包办一切。家长特别希望把孩子留在身边，时时刻刻地关注孩子，但是家长需要适当控制对孩子的这份爱，锻炼孩子的自主意识。孩子成长的过程需要很多磨砺，需要反反复复的失败才能走向成功，家长要给孩子犯错的机会，也要给孩子体验的机会。孩子喜欢的社团，喜欢的兴趣班，就按照孩子的兴趣给孩子报名，不要带着功利性去告诉孩子，"这个不能学，以后也没什么用；那个不能学，对你以后考大学没有用"。只有尊重孩子的兴趣与需要，才能减轻孩子的心理压力，更好地促进孩子的身心和谐发展。

父母望子成龙、望女成凤的心情，我们非常理解，但是培养优秀孩子的前提一定是孩子拥有一个健康的身体。所以家长要做的事情，不是简单地要求孩子立马把字写好，把知识学会。家长绝不能揠苗助长，而是应该学会用耐心去倾听孩子。把孩子当成孩子，做符合孩子年龄发展阶段的事，让孩子拥有一个没有负担、没有压力的童年。

孩子抽动问题的实质之一就是家长把自身对孩子的忧虑、压力、焦虑传递给了孩子。当然也会有一些原因，不是家长给孩子带来的压力，而是孩子在其他场所面临各种问题时，不知道如何去缓解压力。家长关注到孩子有这个问题的时候，就要跟孩子谈一谈，交谈时不要抓住抽动这个问题进行追问，可以跟孩子聊一聊最近学校发生的事情，有没有不愉快的事情，是否遇到什么困难了，是否知道怎么去解决问题等。

对于家长来说，如何解决抽动症是一个让人头痛的问题。总而言之，当孩子出现抽动行为时，父母不能简单地去指责孩子，父母应该及时调整好心态，端正教养态度和方法，创造良好的外界环境，通过与孩子心贴心的交流，缓解孩子的内心压力。改变过去家长式的权威，以平等的方式与孩子进行交流，会让孩子更加乐意与家长敞开心扉，减轻内心的压力，改善抽动症的病情。

家庭教育小贴士

孩子有了抽动症怎么办

1. 抽动症是一种典型的生理因素和心理因素造成的社会性疾病。

2. 要注意增强孩子自身免疫力，尽量不让孩子感冒发烧，发烧可能会导致孩子加重抽动的症状。

3. 需要家长注意解决问题的方式方法，要学会倾听孩子的诉求，帮助孩子慢慢打开心结。

4. 家长要相信孩子具备自我发展的能力，要尊重孩子的决定。

如何让孩子快乐过寒假

寒假是所有孩子的期盼，也是所有家长们的烦恼。到了寒假，孩子们可以做自己喜欢的事情，可以待在家里好好看电视，也可以一觉睡到自然醒，还能天天吃自己爱吃的零食，动画片也能每集都追。家长们却因为每天上班没时间陪孩子，孩子自己留在家中没人管而苦恼。

怎样才能更好地安排和照顾孩子假期的学习和生活，让孩子度过一个充实、有趣的高质量假期呢？每年寒假，学校都跟老师强调不能给孩子留家庭作业。为什么学校会有这种规定呢？首先，寒假时间比较短，一共才28天左右。其次，孩子在这短短28天当中活动安排也非常多。

孩子要准备过年，走亲戚，有的还要家长带着去旅游，还可能参加一些课外的活动，实际上孩子整个寒假的行程也是非常忙碌的。假如学校给孩子留大量作业，就让孩子在短短的假期中背负着纠结、犹豫、焦虑等诸多消极情绪，一边在外面玩儿一边心里想着还有好多作业没写完，短短游玩的几天也不会发自内心的快乐。

首先，要注重劳逸结合。寒假主要是孩子放松身心的时光，家长应该学会带孩子放松。一个快乐的寒假不能只有学习，娱乐也非常重要。给孩子留大量作业，很大程度上会让孩子的学习兴趣和热情消退，还有可能会降低学习效率。要注重劳逸结合，让孩子们的假期生活更有收获、更有意义、更加快乐。

让孩子学习的方式有很多，除了书面作业能够让孩子学习，还有很多其他渠道能够让孩子增长见识。读万卷书，行万里路，家长可以利用寒假带孩子旅游放松心情。实际上外出游玩就是为了排解情绪，甚至可

第二章
健康起航

以说是一种心灵的释放,能够让孩子彻底地放空自己,体验生活的乐趣。家长带孩子出去旅游可以增长见识、开阔视野,学习书本上没有的知识。

除了外出旅游,过年走亲戚也是一个让孩子成长的过程,能够增强孩子的社会交往能力。孩子们也要珍惜与家人相聚的时光,多与父母交流,分享自己在学校里的趣事,说出心中的烦闷与困惑,带着一种轻松愉悦的心情去度过寒假、面对开学。

其次,培养孩子阅读的兴趣。很多家长怕孩子假期耽误了学习,觉得一定得给孩子布置些作业才能安心。如果非要留作业,可以给孩子布置一些读书的作业,养成阅读的好习惯,但是坚决不允许写读书笔记或者读后感。对于孩子来说,写读后感就是硬性的任务,写了读后感也不一定是发自内心的表达,甚至有的学生从网上抄写读后感,留这样的作业其实意义不大。

很多学生学习知识时,感觉接受起来又慢又难,是因为对知识的背景了解不多,孩子的阅读量太少了。假期时,家长可以适当地安排一些阅读任务。孩子在假期能够认真读一本书就非常好了,如果实在没有时间读完整的一本书,读半本书也可以。要注重读书的过程,通过阅读培养孩子初步的读书意识,养成良好的读书习惯。寒假回来以后,学校会开展读书交流会,让孩子分享自己读的一本好书,介绍书中的情节,让孩子自己去交流,互相学习,培养孩子初步的阅读兴趣。

切忌用留作业的方式去压抑孩子的兴趣,抑制孩子的成长。在寒假留大量作业孩子成绩就会有所提高吗?显然一个人的成长是很综合的,绝不是简单地说作业就能够让孩子成长,它只是温习功课的一种方法。家长要做得更多的是引发孩子的兴趣,启发孩子思考,引起孩子对周围世界的好奇心,让孩子愿意主动去探索世界,了解周围的人文状况,促进思维能力的发展。

最后,养成孩子良好的作息习惯。小学阶段正是孩子生长发育的关键时期，这个时期一定要重视孩子的作息时间。放假以后，很多孩子作息时间就乱了，孩子彻底松散。很多孩子早上10点多不起床，晚上很晚不睡觉，这些习惯不仅不利于孩子身体的正常发育，也会让孩子在假期养成不好的生活习惯，很难适应新学期的学习生活。

家长可以与孩子一起制定"一日作息时间表"，然后引导和督促孩子每天尽量按照时间表来做事情，既培养了孩子做事有计划性，又能规律作息。早上可以比上学的时候适当晚起1个小时，但至少应该8点前起床，晚上尽量不要熬夜，不要通宵看电视或者玩电脑，争取每天10点前睡觉。

使孩子健康成长的最好办法是让他感到快乐。利用寒假时间，让孩子尽情享受生活，让孩子感受快乐时光，享受温馨。家长要及时调整孩子状态，引导其养成良好的生活习惯，更好地面对新学期的生活。

家庭教育小贴士

如何让孩子快乐过寒假

1. 要注重劳逸结合。
2. 培养孩子阅读的兴趣。
3. 养成孩子良好的作息习惯。

第三章　习惯护航

XIGUAN HUHANG

孩子马虎怎么办

马虎是人们在生活学习中的一种常见现象，不仅孩子身上存在这种毛病，在成年人身上也或多或少地存在着。只是马虎的毛病在孩子身上表现得更明显、更突出。分析"马虎"的成因，对于改善孩子的学习状况具有非常重要的意义。

首先，从逻辑上来讲，每个人在做一件事的时候，首先会在头脑中有一个清晰的规划。第一步应该做什么，第二步、第三步做什么，都是按照自己的思考、自己的逻辑关系来进行的。由于孩子身心发展特点的不同，有的孩子逻辑思维能力相对严谨一些，而有的孩子逻辑思维能力发展不够完善，就容易产生马虎的问题。

比如有的孩子做题时，第一个步骤就是审题，思考解题思路，然后再去计算。计算时，很多孩子习惯运用草稿纸打草稿，在草稿纸算完之后，会得到一个最终答案。就是最后这样关键的一步，有的孩子会在这个步骤的时候粗心大意，在把答案抄到作业本上的过程中，有的孩子可能会把正确答案32就抄写成了23。这种情况可以将孩子的行为归因于马虎，因为这个行为本身是这道题目孩子会做，也做出了正确答案，只是在抄写最终答案时因为马虎抄错了。

当第一次因为马虎写错答案以后，有些孩子能够凭借自己平时的学习习惯，进行检查，将自己写错的数字进行改正，有效防止了在这个步骤后续的计算中再次出现问题。但是有的孩子就没有这样的意识或者说没有这种逻辑，他自然往下写，再往下写，那么后面其实无论做得多好，都没有用，因为孩子在第一步的时候就把数字抄错了，后面做题目步骤写得再好，最终答案也是错的。

其次，有可能在学生做错题的背后反映出的问题不是马虎，而是孩子本身不清楚这道题目的解题思路，缺乏理性思维。很多家长在孩子做错题目或者是考试没考好的时候都会说："我们家孩子真的挺聪明的，就是容易马虎，有些简单的题目容易做错。"其实，在这些问题的背后，并不是简单的马虎问题，而是因为孩子做题缺乏解题思路，根本就没有看懂题目要求。孩子对概念或者说对知识掌握得不够扎实，他看似懂这道题，但实际上，你要让他讲出每一步，为什么要这样去做的时候，他可能还不能够完全地讲解清楚。因为他对题目理解不够深入，对一些解题环节是模糊的，就会造成同一种类型的题目，有的时候会做对，有的时候会做错。但是当他面对错误的结果时，他就能立刻意识到自己错误的原因。因为这种类型的孩子，在他头脑当中的潜意识里，对这个问题其实是有一个初步的印象的，但是因为有些步骤是模糊的，只能通过一次次试错，来找到正确的答案。因此我们就常常看到这个孩子一改题，就改对了，但一做题就做错了。

这种现象在小学是非常明显的，尤其是在一二年级的时候。因为一二年级解决问题的步骤基本就一步，不是加法就是减法，不是乘法就是除法。所以孩子在写的时候，比如 $5+3=8$，实际上应该是 $5-3=2$，这个 $5+3=8$ 是错的，老师"啪"给一个叉，说："你这个是错误的。"他回去一改："哦，不是 $5+3$ 是 $5-3$。"他换成减号，一看是正确的交上去了。事实上尽管这道题做对了，孩子也不一定真的明白为什么要这样做。

出现这一类问题的时候，我们应该如何解决呢？很多孩子是通过平时做题时老师不断地提醒，掌握了做完题目后及时检查的习惯，也有些孩子不用教，他就有这样的意识。有些孩子下意识地就会考虑："我需要再检查一遍这道题目。"这实际上就反映出学生思考问题、解决问题的逻辑。

第三章
习惯护航

第一，孩子的发展离不开家校的协同，需要教师与家长共同为促进孩子的发展努力，在日常生活中锻炼孩子思维能力。孩子思维能力的发展与孩子平时在家庭中做的很多事情是分不开的。例如，在孩子玩玩具时，妈妈对孩子讲："我们一起来玩儿，玩完了之后我们再一起收拾起来。"简简单单的"收拾"这个步骤，实际上就是锻炼孩子思维能力的重要时机，让孩子学会收拾玩具的过程，实际上就是锻炼孩子做事情的思维能力，我们需要让孩子先将玩具归类，再依次摆放到相应的位置。

以上举的例子都是生活中的小事，但是在实际的日常生活中，却很少有家长能够做到。家长因为每天都要上班，早晨起来以后上班时间也比较紧张，为了节约时间，一般都会帮孩子洗脸，有的家长甚至在孩子刷牙的时候牙膏都已经帮孩子挤好了。其实，像挤牙膏这种小事，作为家长应该让孩子自己去尝试，有些家长担心孩子把牙膏挤多了或者挤少了，就选择了替孩子包办一切。挤牙膏的过程是让孩子锻炼思维能力的过程，孩子第一次尝试时，可能牙膏挤少了，那么孩子在刷牙的时候口腔里面泡沫就会变少；如果第一次牙膏挤多了，孩子需要反反复复漱很多次口，才能使口腔干净。那么在这个过程中，孩子通过反反复复的实践，凭借挤多跟挤少之后的亲身感受，在一次次的失败后，就会逐渐掌握挤牙膏的正确用量。

第二，家长一定不要替孩子包办一切，要在实践中培养孩子多方面的能力，逐渐积累经验，增强孩子对事物的直接感知，丰富孩子的情感体验。孩子的很多能力，都是在实践中逐渐积累经验，在学做事中逐渐掌握的。孩子思维能力一旦获得以后，就会在实践过程中发生迁移，以后再遇到类似的问题就可以举一反三，触类旁通，生活能力的增强也会逐渐提高孩子的学习能力。

人从出生的那一刹那开始，就在学习。新生儿一出生就知道去找妈妈的乳头，想要摸索去吃第一口乳汁。这个实际上就是学习的过程，婴儿在不断尝试中摸索，然后慢慢地锻炼自己的能力。对温度的感知，对知识的学习，生活中的点滴小事，其实都是锻炼孩子思维能力的重要契机。所以作为家长一定不要替孩子包办一切。短期来看，家长的替代能够节约时间，但是从长期来看，家长阻止了孩子对事物的亲身感知，让孩子失去了体验的机会，是非常不利于孩子长远发展的。

第三，注重培养孩子细致思考问题的习惯。低年级小学生在学习过程中常常会出现粗心大意的现象，我们在思考粗心大意这个问题时还不能完全简单地归因于学生的粗心。有的时候还要考虑是不是孩子缺乏理性思维，是不是对这个问题还没有弄明白。在和"马虎"斗争的过程中，家长也要注重培养孩子的理性思维能力。培养孩子细致思考问题的习惯，能提高孩子在做题和生活中关注细节的意识，也能大大提升孩子的自信心，从而更好提高孩子各方面的能力，促进孩子的全面发展。

家庭教育小贴士

孩子马虎怎么办

1. 孩子的发展离不开家校的协同，需要教师与家长共同为促进孩子的发展努力，在日常生活中锻炼孩子的思维能力。

2. 家长一定不要替孩子包办一切，要在实践中培养孩子多方面的能力，逐渐积累经验，增强孩子对事物的直接感知，丰富孩子的情感体验。

3. 注重培养孩子细致思考问题的习惯，提高孩子关注细节的意识，提高孩子各方面的能力，促进孩子的全面发展。

如何提升孩子的专注度

学习的时候，坐到书桌前不到 5 分钟，就开始神游；上课的时候，前一秒还在听老师讲课，下一秒思绪已经飘出教室外……家长们对这样的场景，是不是特别的熟悉？专注度是孩子学习和做事能否成功的关键，对孩子一生都起到至关重要的作用，专注度是一个人能高度集中于某一件事的能力，是一项非常重要的心理素质。

老师和家长们都有切身的感受，为什么同样做一件事情，有的孩子不能够很专心地去做，其他的孩子就能够很专心地做这件事情；同时，我们小时候很难专心去完成一件事，但随着时间的推移，慢慢就能静下心来去完成。因为不同年龄段的孩子专注力的时间也是不一样的。

可能又有家长会问，那为什么每个孩子的差别那么大呢？有的孩子就是能坚持上一堂 20 分钟以上的课，自己看半个小时以上的书，而自己的孩子怎么看都像多动症，做事不会超过 3 分钟热度。每个孩子的心理、自理、能力都不一样，所以我们经常讲，教育孩子要有"四个因"：因地制宜、因材施教、因人而异、因势利导。也就是说，每个孩子情况不一样，所以家长不要一刀切，很简单地说：孩子的专注度不够，总用不够专心、不够认真给孩子作心理暗示是错误的，实际上有很多方法可以解决孩子的专注度不够的问题。

首先，从生理年龄来讲，随着孩子慢慢长大，他做一件事情的专心程度，或者持续的时间，肯定会比年纪小的时候更长。比如说一年级的小朋友或者幼儿园的小朋友，很难坚持很长时间认真听讲。常常在一节课中间的时候，老师会带着做一段游戏，让他们伸伸懒腰，做一些动作，实际上是为了让孩子稍微休息一下、调整一下，保证孩子学习的专注度。因为他专注时间、可持续的时间是有限的。但是等孩子上了大学、上了高中，甚至上初中、小学五六年级，孩子慢慢地就能够静下心来做一件事情，人从年龄上、生理发展上来讲，专注度有这样一种发展规律。

其次，从性别上来讲，男生和女生的专注度也是不一样的。男孩流经小脑的血液量会比女孩多一点，小脑主要是主导协调、动作这方面，男孩血液中的多巴胺分泌会比女孩多一些，多巴胺对孩子有什么样的影响呢？它会让孩子兴奋。成年人也是一样的，当你在很兴奋的那种状态之下，体内多巴胺会增加，就会导致你更加兴奋。所以男孩就更容易出现多动、不够专心，或者说专心的时间不够长的问题。相比而言，女孩在早期的时候比男孩发育的速度快。女孩可能大概9岁、10岁，身体已经开始发育了，男孩通常要到初一初二的时候才开始发育，时间上不一样，所以同龄女孩的专注度就比男孩好一些。

此外，男孩与女孩的学习方式也不一样。男孩除了用眼睛看、用耳朵听，更多需要动手去协调，女孩的视觉和听觉协调发展比男孩更强一些。所以我们常常看到，尤其是小学阶段，女孩比男孩强，大队长、中队长、学习委员、课代表，很多都是女孩，这也是大家经常感觉到的女孩强。女孩更强实际上跟学习方式有关系，因为在课堂上主要的学习方式还是依赖于黑板上写板书——人的视觉系统在参与；老师在讲课，学生听讲——这是听觉系统在参与。但是男孩本身视觉和听觉要弱于女孩，所以男孩的学习效果要弱于女孩。但是在动手实践的课程里，男孩则会普遍优于女孩。因此在课上的时候，老师们要学会根据性别、年龄及孩子不同方面的兴趣爱好，设计课堂教学环节，让孩子尽可能地使多种感官参与学习的过程。

男孩与女孩需要的学习环境也不一样。从性别上来讲，女孩在学习过程中更喜欢一个比较安静、比较熟悉的环境，但是对于男孩来讲，空

第三章
习惯护航

间比较小，就会让男孩感觉局促，所以男孩适合在比较大的房间里学习，或者到户外去做一些实践或学习。在不同环境里学习，也会直接影响到孩子学习的专注度。

基于男孩女孩的性格特点，家长一定要理解孩子。当了解男孩具备的特点时，就可以采用更多实践方式，让男孩子体验学习的过程。在小学阶段，我们常常看到的是男孩没有女孩强，其实也是没有关系的，到了初中后，就会发现随着青春期的到来，男孩的学习成绩可能一下子就提升上来了。另外，像物理、化学等理工类学科，很多也是男孩的强项，所以在初二这个阶段，男孩学习的进步空间就会大很多，男孩的学习状态也就慢慢地好起来了。同时，到了初中之后，女孩可能会更多地对文科学习更感兴趣一些。

最后，孩子的专注度不同和生理也有很大的关系。我们经常会发现，有的孩子在某一个时间段里可能专注程度不那么强，但是过一段时间慢慢就好了，但是有一些孩子，即使有老师的关注与提醒，有家长的监督与指导，专注度还是不够，这和生理有一定的关系。

我曾经遇到一个这样的孩子，刚入学的时候，根本坐不住，上课还干扰其他的同学。家长和老师一致认为他专注度不够，在老师的提醒下，孩子有一定的改善。但是一段时间后，孩子又回到了原点。后来，老师结合孩子的生理特点，引导孩子在规定时间内做规定的事儿，还给家长布置了一项特殊的作业——用数豆子来训练孩子的关注度。刚开始数的是那种大的芸豆，一个、两个、三个……妈妈在旁边帮着计时，只要孩子完成任务就会给予激励。一段时间之后，开始数花生米，其个头小一点了，然后数红小豆，再数大米……家长和教师紧密协作，再配合着其他的训练方法，在将近 4 年的时间里，孩子的专注度慢慢变好了，后来顺利升入中学，考取大学，现在已经走上工作岗位。

孩子专注度不够，原因很多，如果家长仅仅是简单地指责，孩子的心理压力会越来越大。当孩子出现专注度不够的问题，家长首先要做到寻找原因，然后对症施策。

家庭教育小贴士

如何提升孩子的专注度

1. 专注度是孩子学习和做事能否成功的关键，对孩子一生都起到至关重要的作用，它是一个人能高度集中于某一件事的能力，是一项非常重要的心理素质。

2. 教育孩子要有"四个因"：因地制宜、因材施教、因人而异、因势利导。

3. 随着孩子慢慢长大，他做一件事情的专心程度，或者持续的时间，肯定会比年纪小的时候更长。

4. 从性别上来讲，男生和女生的专注度也是不一样的。

5. 孩子的专注度不一样和生理也有很大的关系。

第三章
习惯护航

沉迷手机对孩子的伤害有多大

近年来，随着人们物质文化生活水平的提高以及科学技术的不断更新，智能手机悄然走进了千家万户。手机不仅使成年人着迷，很多孩子也难逃手机的诱惑，导致不少孩子视力下降，早早就戴上了眼镜；一些孩子甚至出现性格也日益孤僻，不愿与人交往，沉溺于手机游戏的虚拟世界。如何减轻手机给小学生带来的负面影响，促进孩子健康快乐成长，是家长需要重点关注的问题。

最近有一位家长跟我反映了一个问题。平时上班的时候，这位家长的同事有时候会带自己的孩子来办公室。孩子到办公室以后，同事为了不让孩子影响到自己的工作，就会把手机给孩子玩，甚至还把孩子单独放在办公室玩手机，自己非常放心地去吃饭、聊天。这位家长询问我对于这个问题的看法。

我肯定不赞成这种行为。目前小孩子玩手机的问题非常普遍，手机问题不仅是中国的问题，在全球范围内玩手机上瘾问题已经成为普遍现象。玩手机不仅会影响视力，影响孩子身体发育，甚至对思维系统以及神经系统都会有很大的影响。之前有一个比较极端的案例，有位家长因为孩子玩手机成瘾影响日常生活，一气之下把孩子的手机扔到了楼下，没想到孩子居然直接跟着手机跳下去了。发生这样的事情，家长肯定非常伤心，这么极端的行为的背后原因也发人深省。

另外一个案例就是有位家长的孩子通宵玩游戏，一打就是一夜，父母怎么管教也不听。甚至，发展到后期，这个孩子连学校都不去了，不洗澡、不刷牙，整天躺在床上打游戏。孩子这种玩手机上瘾的行为不仅浪费了大好的青春年华，也不利于孩子的健康成长，有时候甚至影响到生命健康。家长怎么教导孩子也不听，家长为此非常苦恼。最后实在是没有办法了，便向我发短信求助，问我应该如何处理这件事，怎样才能改掉孩子玩手机打游戏的坏习惯。

玩手机这件事还是需要理性分析，不能一棒子将其打死。强行禁止孩子使用手机，这样反而会适得其反。手机作为一个重要的工具，是我们生活中不可或缺的必需品，几乎人人都有。有的时候外出匆忙，可能会忘记带钱，忘记带钥匙，但是很少有人会忘记带手机。在现代社会，手机对人的影响也是越来越大，现在没有手机，确实很难与他人进行社交联系。如果有一天真的忘记带手机了，人就会非常焦虑，担心会不会有人有急事找你，会不会错过重要的通知，会感觉心里空落落的，非常恐慌。这说明手机对人的影响是越来越大的，不仅对外在行为造成影响，还会影响人的心理。

智能手机是一把双刃剑，合理利用将显著提高学生的学习效率，但滥用手机只会影响学生的身心发展。玩手机不仅会影响人的身体健康，使人视力急剧下降，每天熬夜玩游戏还会损耗身体器官，造成身体各个功能的衰竭。同时，经常玩手机还会影响学生精神健康，使人精神低迷，不思进取，颓废堕落。每天把自己关在房间打游戏，不参与社交，会让孩子逐渐失去社交的能力，长此以往，非常容易产生心理问题。

总之，一旦玩手机成瘾，对孩子造成的恶劣影响是非常大的。因此，家长在日常的生活中，如果为了哄孩子听话，能够安心去做自己的事情，就把手机扔给孩子，这种方式是特别不负责任的一种表现。家长这种方式能叫爱孩子吗？

家长在做事情的时候，孩子有点调皮捣蛋或者需要你去关注他，这是很正常的事情。这个时候如果把手机或 iPad 给他，他倒是不闹了，实际上就相当于在给后面孩子玩手机成瘾埋下了祸根。孩子沉迷于手机，

第三章
习惯护航

实际上根源还是在于父母在某个时期把手机给了孩子，让孩子迷上了玩手机。随着孩子的成长，慢慢地因为缺乏自制力而沉溺于手机。更有甚者，会发展到家长不给孩子手机的时候，孩子就会通过哭闹来解决问题。所以很多时候孩子到了一定程度就离不开手机了，这个时候家长就开始困惑，为什么我的孩子会变成这样，不知道该如何解决这个问题。

孩子的视力在刚开始近视100度的时候，家长还没有那么担心，以为是最近学习压力太大，但是逐渐增长到近视200多度、近视300多度的时候，家长就慌张了。孩子眼睛近视度数一直在增长，而学习成绩却一落千丈，很明显不是因为学习过度造成的。医生也跟家长讲解近视的利害关系，如果再不及时制止，任其发展下去，青少年、小孩子眼睛很早就到近视500多度，慢慢地发展成为高度近视。当孩子的近视程度越来越高，与家长之间的交流越来越少，在床上打游戏的时间越来越多时，家长可能这个时候就慌了，内心就会更加焦虑。那具体应该怎么办呢？我们尽量不要让孩子过多接触手机。

要想从根本上解决玩手机的问题，要引导孩子利用手机使用有益的学习软件，玩手机要有一定的时间限制。首先，家长树立良好的榜样，在家庭聚会中，餐桌前，尽量不要当着孩子面一直玩手机。家长要注意营造一个良好的家庭氛围，建立一个与孩子密切接触的健康环境。其次，在闲暇的时间，可以引导孩子去户外多做一些运动，多带孩子出门晒晒太阳，呼吸新鲜空气，去游乐园玩一些有趣的活动，去公园散散步，去图书馆多看一些纸质的书等。要通过让孩子参与各种活动，吸引孩子的兴趣，转移孩子的注意力。同时，家长要放手让孩子去玩耍，让孩子多运动、多流汗，也不要太担心孩子会磕磕绊绊。这个过程会让孩子越来越坚强，不仅能够锻炼孩子的意志，也会促进骨骼的生长。最后，家长要经常与孩子进行沟通交流，多倾听孩子的心声，走入孩子的情感世界，成为孩子的知心朋友，帮助其形成积极乐观的良好品质，鼓励其培养一些良好的兴趣爱好。

　　手机功能日趋完善的同时，其诱惑力也与日俱增。现在很多孩子沉迷于智能手机的使用，我们不能武断地禁止其使用，也不能放任不管。引导学生辩证地看待手机，理智地使用手机，共同为学生构建一个健康快乐的环境，促进其健康成长。因此，家长必须重视孩子对手机的使用，规范其日常行为，使其不受手机不良因素的影响。

家庭教育小贴士

沉迷手机对孩子的伤害有多大

　　1. 家长树立良好的榜样，在家庭聚会中，餐桌前，尽量不要当着孩子面一直玩手机。

　　2. 在闲暇的时间，家长要引导孩子去户外多做一些运动，多带孩子出门晒晒太阳，呼吸新鲜空气。

　　3. 家长要经常与孩子进行沟通交流，多倾听孩子的心声，走入孩子的情感世界，成为孩子的知心朋友，帮助其形成积极乐观的良好品质。

第三章
习惯护航

暑假怎么安排

子曰："温故而知新，可以为师矣。"众所周知，长达近两个月的暑假，如果一点作业都没有，孩子在学校学的知识可能就忘得一干二净了，所以老师布置暑假作业还是很有必要的。但是暑假作业应该布置多少呢？最近很多家长向我反馈，学校家庭作业很少，孩子假期里还有大量自己的时间，该如何合理利用自己的时间呢？

为什么作业要少，《小学生减负十条规定》两次公开征求意见，争议最大的是"不留作业"和"减少作业"。《关于进一步减轻义务教育阶段学生作业负担和校外培训负担的意见》更是明确指出：学校要确保小学一二年级不布置家庭书面作业，可在校内适当安排巩固练习；小学三至六年级书面作业平均完成时间不超过60分钟，初中书面作业平均完成时间不超过90分钟。

现在孩子的压力太大了，孩子每天在学校待的时间太长了，每一节课上，老师都希望孩子能够认真听课，专心投入。这样一来，孩子每天上学其实是非常辛苦的。尽管在体育课、音乐课、美术课等课堂上，孩子能够稍微轻松一些，在玩中学，但是对于孩子来说，整体上仍然是精神比较紧张的。

我经常与老师们交流，要提高课堂效率，要将知识点跟学生讲明白，讲透彻。充分利用课上时间，调动学生学习的积极性。对于孩子来讲上课已经上了那么长时间，再给他布置那么多家庭作业，属于孩子自己的时间太少了。

我们学校的教学理念并不是用沉甸甸的作业来压制学生，而是推行素质教育，提倡布置作业形式多样化，如研究性的作业等。学校认为，减少作业量并不等于不学习，而是换一种更轻松的方式学习，希望给孩子更多自己的时间，能够去学习一些自己感兴趣的知识，从而促进德智体美劳全面发展。

那么孩子应该如何安排暑假时间呢？在我看来，孩子要充分利用暑假时间发展自己多方面的兴趣，有时间了可以多玩一玩，听听音乐，看看电影，到大自然中去跑一跑，锻炼一下身体。这些活动可能都是身体的一个调整，或者是情绪上的一种宣泄，对缓解孩子的压力都是有帮助的。

作为一名家长，我更希望看到自己的孩子能够快乐成长。但是目前很多家长觉得，如果不充分利用暑假时间，周围其他孩子都去上辅导班补课了，只要自己的孩子"赋闲在家"，家长就觉得自己的孩子可能就被其他孩子落下了。

很多家长现在特别焦虑，特别容易盲目地跟其他家庭攀比。每一个孩子的成长、每一个家庭的教育都是不一样的，家长一定要明确，要培养一个什么样的孩子，这一点很重要。

同时，现在的家长对孩子的教育方式也不太合适，每一个孩子的发展都存在个性差异。家长要根据孩子自身的学习特点，给孩子选择合适的兴趣班。教育是一个长期的过程，不是一蹴而就的，家长要慢慢地培养孩子。现在的家长都太着急了，太焦虑了，孩子的教育急不得，教育要慢一点，需要长时间的滋养。

暑假期间，每个家庭面临的情况也不一样。如有的家庭没有人看孩子，就把孩子送到培训机构，希望有人看着学习一些东西。可以适当上一些素质类辅导班的课程，这是一种合理的安排。

孩子在学校上学的时候，一天6节课到8节课。好不容易盼到暑假，结果给孩子报了辅导班，又给孩子安排6节课、8节课，这会让孩子太

第三章
习惯护航

累。一定要让孩子有一个比较充分的休息时间，劳逸结合，合理调整学习与生活。所以还是应该按照孩子的兴趣适当地报兴趣班，不要把孩子的时间安排得过于紧张。

在暑假中适量安排一些体育活动也是十分有必要的。体育锻炼是一项有助于能够调节大脑和机体运转的运动。科学研究表明，机体运动和大脑的关系非常密切。适当的运动，会使大脑皮质更加兴奋。很多的家长都觉得孩子花时间去锻炼会影响学习，其实这是大错特错的。当孩子有大量的时间去锻炼身体，不仅能够使孩子精神状态更好，还能提高孩子学习效率，事半功倍。

暑假有比较完整的连续性的时间，可以做很多的事情，很多在平时上课期间做不到的事儿，暑假期间都有时间完成，为此家长可以根据自己孩子的特点，安排丰富多彩的活动。如果家里条件允许的话，争取利用暑假的时间，带孩子去亲密接触大自然。通过旅游去看更广阔的世界，开阔孩子的眼界。

暑假里，还可以让孩子去参加一些实践性的活动，比如可以安排一些户外运动，让孩子掌握一种运动技能；或者去一些名胜古迹旅游感受一下中华民族的历史文化，去乡村感受一下村庄的静谧；又或者到养老院、孤儿院做一些实践活动。通过这些活动，能够让孩子学到很多书本上学不到的知识，会促进孩子的发展。

另外，暑假期间还可以安排孩子阅读，不一定规定孩子每天读多少篇，每天能够安心读一两篇文章，甚至十几页也可以。不限量、不定量，坚持培养孩子阅读的好习惯，让孩子愿意和书交朋友。爱上读书一定能给孩子带来无限的成长空间，让孩子受益匪浅。

现在家长还在纠结孩子的暑假怎么安排吗？暑假里，我们既不能不布置作业，让孩子在家"放羊"；也不能给孩子报太多的辅导班，压抑孩子的成长。学习也罢、玩也罢，只有适合自己孩子的才是好的暑假计划。

暑假是与新学年过渡的黄金时间，要根据孩子的兴趣合理安排，可以让孩子的暑假学习事半功倍。

家庭教育小贴士

暑假怎么安排

1. 孩子要充分利用暑假时间发展自己多方面的兴趣。

2. 一定要让孩子有一个比较充分的休息时间，劳逸结合，合理调整学习与生活。

3. 应该按照孩子的兴趣适当地报兴趣班，不要把孩子的时间安排得过于紧张。

4. 家长可以根据自己孩子的特点，安排一些旅游、实践等活动，开阔孩子的眼界。

5. 暑假还可以安排孩子阅读，不限量、不定量，坚持培养孩子阅读的好习惯，让孩子愿意和书交朋友。

如何让孩子养成良好的作业习惯

近几年来,家长们被辅导孩子做作业这件事弄得身心俱疲,作业过多,导致大量孩子睡眠时间不足、学习兴趣下降。相信很多家长都对孩子写作业时间过长印象深刻,甚至为此引发家庭矛盾,导致亲子关系紧张。学生作业太多是很现实的问题。面对孩子过多的家庭作业,家长该怎么办呢?

孩子写作业时间长原因之一是老师布置的作业过多。

现在大部分孩子早上起床都很早,差不多有10个小时都要在学校里度过。虽然学校的课程非常丰富,但是对孩子们来讲,每节课都要集中精力,当孩子课上注意力不集中时,老师也会提醒。因此,孩子一直处于高度紧张的状态下,就像一根皮筋,如果一直紧绷着,时间长了会绷断;如果松一松再紧一紧,皮筋的寿命就会相对较长。所以,孩子也需要适当的放松,让紧张的大脑得到适当的休息。

我向来反对多留作业,朝实教育集团也一直提倡减负。在朝实教育集团的大会上,我经常提作业这件事,鼓励老师们要给孩子少布置作业,我们要理解孩子,因为孩子已经在学校学了一整天,这时候老师再往学生脑袋里灌的时候,效果不一定好。当老师留很多作业,学生作业要一直写到很晚,时间长了难免会产生逆反心理,所以,老师们在布置作业的时候,要掌握一个比较合适的度。

如果家长真的感觉孩子的作业量特别大的话,就要和老师进行沟通。因为对不同的孩子来说,写作业的速度是不一样的。同样的作业,有的孩子可能十几分钟就能很好地完成,有的孩子可能需要半小时,也有的孩子可能需要一两个小时才能解决。写作业这件事，千万别因为作业量太大而给孩子弄伤了，要循序渐进，当他的能力达到一定的程度，这些题目对于他来讲，都不是特别大的问题的时候，他写作业的速度自然就会快起来。

孩子写作业时间长，原因之二是父母缺少正面引导。

孩子经过一天的学习回到家，期待能在家放松一会儿，这时我们经常会遇到这样的场景，一到写作业，孩子就会变得特别"矫情"，一会儿要喝水，一会儿要上厕所，一会儿又要玩游戏……这个时候就特别考验家长的智慧。我们要分析孩子写作业为什么会出现这样的状况。许多父母都会要求孩子写作业又好又快，但是当孩子很好很快地写完了作业，父母一看，孩子只用一点点时间就完成任务了，可能又会给孩子布置新的学习任务或者作业任务。孩子也是"见机行事"，慢慢地，他发现又快又好地写完作业，并没有什么"好处"，反而会有更多任务，所以，孩子也就学会了偷懒和磨蹭，这也是孩子对抗父母的一种方式。

家长要鼓励孩子，当孩子作业写得好点、快点，或者一次性写对时，就要给孩子一些小奖励，例如可以出去玩会儿、跳个绳、踢个球之类的。只有当孩子能压缩写作业的时间，才能有更多的游戏或者锻炼的时间，这样孩子写作业可能就有"奔头"了。随着时间的积累，孩子写作业的习惯就养成了，也慢慢懂得了时间规划的重要性。

孩子写作业时间长，原因之三是孩子没有学懂。

遇到不会写的作业，可能就会让孩子花费特别多的时间。如果不会写的题目数量很大，孩子的写作业时间会更长，而且也达不到写作业的效果。当孩子在作业当中遇到不会的情况怎么办？这也是一个让家长普遍头疼的问题。

如果孩子在写作业过程中，有很多题目都不会，那就要从根源上去解决。作业不会的根源就是课堂知识掌握不好。家长遇到这种情况，要和老师作深入的沟通。对于小学阶段的学生来说，没有特别深奥的知识，孩子在课上没学懂，很大一部分原因是上课注意力不集中，导致学习的效率不高。

很多家长可能会有这样的疑惑："我又不跟他上学，我怎么能知道他上课怎么样，那是老师的问题。"老师也有困惑："同样在一个教室里面听课，别人家的孩子怎么就能专注，你的孩子怎么就专注不了？"如果家长和老师处于这样的沟通中，不仅难以取得效果，反而会激化矛盾。

对老师来说，要尽量去关注每个孩子。学校鼓励老师要做到"四个因"，即因地制宜、因材施教、因人而异、因势利导。要关注到孩子在学习过程当中的一些变化，并加以引导。

对家长来说，要配合老师一起去找原因，找对策。父母虽然无法进入课堂去"监督"孩子的学习，但是在课后，家长要给予鼓励。当孩子遇到不会的题目时，家长要鼓励孩子带着问题去问老师。有时候孩子对于问老师也会有心理压力，例如担心老师会不会责备没有认真听讲等。这时候，家长一定要鼓励孩子，让孩子鼓起勇气去问。所有的老师都不会拒绝孩子的问题，在与老师每一次接触的过程中，孩子的胆量、自信、克服困难的勇气都会慢慢建立起来。家长还可以适当地给点小压力，帮助孩子在课上保持一种比较好的学习状态，尽可能在老师讲新课的时间内提高注意力，这样从根本上解决课堂效率的问题。

孩子写作业时间长，原因之四是对自己的事情心中无数。

随着信息化发展的速度越来越快，很多老师都会利用技术手段给孩子布置作业，例如把作业发到家长群里，由家长再转达给孩子。这种方式看似把作业传递给孩子了，但是却没有培养孩子自己的事情自己做的责任。

不少家长都觉得自己的孩子总是特别马虎，丢三落四的，要么作业本忘记拿回来了，要么就是作业本找不到了，还有可能写完的作业又忘记带去学校了,等等。甚至因为孩子这些小毛病,家长采取了一对一的盯人策略,家长盯着孩子去把这些东西找出来,或者盯着孩子写作业。

要纠正孩子这些不良的习惯,需要家长的巧妙管理。比如遇到像没带饭费、没带跳绳,甚至写完作业之后没带作业本等情况,很多家长都会选择亲自送到学校。我特别不赞成家长这种做法。当我们成人、成家的时候,就需要担负起责任。这个责任的意识需要从小培养,小到忘带作业本、小到带跳绳等问题。

有一次,我在校门口碰到一位家长,这位家长手里拿着红领巾,特别着急,想送给孩子,正在门口和保安沟通这个事儿。我说:"您就拿着红领巾回家,老师最多就说几句,也能让孩子长长记性。"家长担心地说:"校长,老师要求孩子在校必须戴红领巾,我们不想破坏学校的纪律,我还是送来比较好。"家长的出发点是好的,但是如果家长过于大包大揽,孩子的自主发展反而受限。学校从2020年9月开始试行规定:拒绝家长为孩子送任何东西到学校。出台规定也是希望家长能把责任交给孩子,让孩子在成长中对自己负责。

造成孩子写作业慢的原因有很多,孩子的写作业能力也是需要后天培养、训练的,他们在改正的过程中往往会出现反复,这时需要家长和老师的配合,只有这样才能形成合力。因此,家长要与老师经常联系,在双方的共同努力下,使孩子能够更好地学习和生活。

家庭教育小贴士

如何让孩子养成良好的作业习惯

1. 尽量培养孩子良好的学习习惯。
2. 不要陪孩子写作业,要给孩子独立完成作业的空间。
3. 培养孩子自己检查作业的能力与习惯。

第三章
习惯护航

4. 孩子不会做的作业，可以去请教老师，对于接受能力弱的孩子需要更多的耐心，并为孩子找到合适的方法。

5. 多鼓励孩子，赞许孩子的进步，激发孩子的学习兴趣。

如何让孩子更自律

步入小学，孩子的自律问题是影响孩子发展的重要因素，班级中孩子数量相对较多，班里的老师也难以关注到每一个同学，很多孩子要做到自我管理会存在一定的难度，那么在家中应该怎样培养孩子的自律能力呢？

自律是个体可以很好地控制并约束自己的一种行为，可以延缓个体欲望的满足。例如，孩子在面对外界诱惑时能否坚持写完作业以后再去玩。有些孩子要先做作业再去玩，有些孩子则要先玩先享受，将作业置之一旁，那么后者就是一种不自律的表现。

正所谓"国有国法，家有家规"，在孩子成长过程中，家长可以设立一些规矩，这些规矩是不能打破的。如果不设立规矩，不培养孩子的自律意识，孩子在今后的生活中是很难直接面对困难的。当遇到困难的时候，孩子总会选择绕道而行，选择安逸、享受，那么长此以往，不利于孩子的长远发展。

其实家长正确引导孩子学会自律，并不会压抑孩子的自然天性，重点在于家长如何把握宽容与溺爱的尺度。采用合理的方式，帮助孩子学会自律，学会自我管理，既可以帮助到孩子，也可以减轻父母的管理压力。

第一，家长要帮助孩子树立良好的规则意识，培养孩子初步的自律意识。拥有良好的规则意识的孩子，会很清楚地知道做事的边界在哪里，也能够更有信心地对世界进行探索。孩子规则意识的培养一定是循序渐进的，而不是在孩子成长的某个阶段直接强加给孩子。无论在学校还是

第三章
习惯护航

在家庭，一定要有规矩作引导，限制孩子的某些行为，很多事情不可以就是不可以，家长不能轻易妥协。家长从小就帮孩子树立良好的规则意识，并引导孩子遵守规则，在潜移默化中培养孩子的自律性。

第二，家长要培养孩子的契约精神，引导孩子遵守规则。既然制定了规矩，就要严格执行。违反了规矩，要接受怎样的处罚？要有明确的规定。处罚一定是家长与孩子共同商量制定的，而不是家长单方面的决定，家长的强制要求会让孩子不服气。共同制定惩罚规则，会让孩子认同并执行规则。契约精神对于孩子自身发展以及走向社会，都是很有帮助的。

第三，家长要给予孩子及时适当的奖励与惩罚，强化孩子的自律意识。孩子的每一次进步都离不开家长的鼓励与支持，所以在培养孩子自律性的过程中，如果孩子表现好，家长要给予孩子适当的奖励。如果孩子做得不好，就要给孩子适当的惩罚。精神上的鼓励或者惩罚实际上也是对孩子的一种教育。

鼓励与惩罚不是给孩子无形的压力、冷暴力，也不是简简单单买点礼物。家长给予孩子的奖励要坚持物质奖励和精神奖励相结合，并以精神奖励为主。

当家长限制了孩子某些行为的时候，孩子可能会有一些抵触。但是如果给予孩子一定的奖励，孩子就会更愿意配合。这一点作为老师的我深有体会。例如，在学校常见的奖励有很多，有印着校徽的笔记本、卡片，以及带有学校 logo 的学习用具，还有一些奖励卡。学生集够了一定数量的奖励卡可以选择与喜欢的老师、校长合影，可以去当志愿者为其他同学服务，可以挑选一个自己喜欢的好朋友当同桌，也可以兑换小橡皮、小本子，等等。这些奖励方式深受学生们欢迎。

家长可以在孩子遵守规则以后给予孩子及时、适当的奖励，在达到一定量的奖励以后给予孩子更多的奖励。用这样的奖励方式激励孩子成长，有效地帮助家长督促孩子养成自律学习的好习惯。其实孩子对于这种精神层面的奖励可能更在意，家长进行奖惩的目的不是为了对这件事进行一个肯定或否定的判断，而是为了引导孩子更好地成长，所以在奖惩方面家长还是要动一点心思。

教育孩子考验家长的教育智慧，家长要学会因地制宜、因材施教、因人而异、因势利导，父母是孩子最好的老师，要想孩子养成良好的自律意识，父母也要做好榜样，与孩子共同进步，共同成长。

家庭教育小贴士

如何让孩子更自律

1. 家长要帮助孩子树立良好的规则意识，培养孩子初步的自律意识。
2. 家长要培养孩子的契约精神，引导孩子遵守规则。
3. 家长要给予孩子及时适当的奖励与惩罚，强化孩子的自律意识。
4. 家长要树立榜样，与孩子共同进步，共同成长。

如何培养学生的规则意识

"国有国法，家有家规。"规则对于学生的规则意识与行为的发展至关重要。树立规则意识不仅可以使个体更好地适应社会，而且可以使个体实现真正的自由。家庭教育对学生规则意识的影响非常重大，家庭是培养中小学生规则意识与行为最重要的场所。在家庭中，家长要充分利用家庭教育的特点和优势，依照孩子的特点和社会的要求，根据自身的家庭实际，进行规则教育，培养孩子的规则意识。

在现实生活中，很多学生不太遵守学校的规章制度，甚至有些学生以自我为中心，缺乏规则意识。学生规则意识的培养需要教师与家长共同的努力，不能形成"两张皮"，家里一套，学校一套，这样非常不利于孩子的长远发展，不利于学生规则意识的养成。

从某些学生缺乏规则意识的成因来看，主要在于家长没有树立积极的教育理念，家庭没有引导孩子树立规则意识。在一些家庭里，老人对孩子教育管理比较多，对孩子过于溺爱，对孩子的任何需求都是百依百顺，尽量满足，所以难以培养孩子的规则意识。

当孩子的需求得不到满足时，有些孩子会直接发脾气，还有些孩子直接在公共场合大哭大闹，更甚者在地上打滚撒泼。这些行为不仅影响了公共秩序，也非常不利于孩子未来的成长与发展。有些孩子在家长没有满足自己的需求时，会通过摔东西的形式来发泄情绪，表达自己的不开心，长此以往，会让孩子难以控制自己的情绪，形成极端的性格；有些孩子由于小时候没有培养良好的规则意识，没有培养良好的性格，在长大后很容易误入歧途。

作为家长，要尽量避免这种悲剧发生，坚决不让自己的孩子因为不懂规则，误入歧途。

当孩子出现不理性行为的时候，家长一定要理性对待孩子的不良行为，不能因为孩子的哭闹就屈服，继而改变自己之前的决定。家长第一次的不忍心以及屈服，就会加剧孩子第二次行为的发生。家长要坚持做到遵守规则，不破坏规则。

现在很多家长教育失败的重要原因都是缺乏"身教"，或者是"言传"和"身教"不统一甚至相反。在与孩子的交流过程中，一定要向孩子明确规则，哪些事情可以做，哪些事情不可以做，并且要坚持自己的原则。家长必须让孩子明确自己应该做什么：在家中，作为一个孩子，要孝顺体贴父母；到了学校，作为一名学生，要与周围同学友好相处，尊敬师长；到了公共场所，就应该遵守公共场所的规则，如医院禁止大声喧哗，否则会影响到病人的休息，在公共场所大声吵闹会影响公共秩序。只有让孩子以一个"社会人"的身份参与不同的教育实践，才能在与其他人的交流和协作中，明确自己哪些事情可以做，哪些事情不应该做，在实践的过程中逐渐培养自己的规则意识。

家庭对于孩子的成长非常重要，父母作为孩子的第一任老师，对孩子的教育与引导对孩子未来的成长至关重要，要在具体的教育情境中，及时对孩子的行为进行引导。例如，在吃东西的时候，要教会孩子分享，能够将自己喜欢的食物分享给他人；在走路时注意礼让他人等。虽然这些都是生活中的小事，但是这些都属于步入社会以后要遵循的基本规范，因此要在家庭教育的过程中注意引导孩子，培养孩子的社会意识，时刻引导孩子反省自己的行为。但是目前的家庭教育中，往往会缺乏对孩子规则意识的引导，作为父母更应该反思，如何改进自己的教育方式，关注对孩子规则意识的引导。只有家长树立规则意识，才能够在家庭教育情境中，使孩子在潜移默化的过程中接受规则意识的引导，避免后续问

第三章
习惯护航

题的发生。

孩子规则意识欠缺，还伴随着一个重要问题，即目前很多孩子容易以自我为中心，自以为是，不能够很好地听取别人的意见与建议，甚至有时候对老师的意见也采取漠视的态度。究其原因，就在于学生缺乏同理心，不能站在他人立场上去思考问题。

同理心对于孩子的发展是非常重要的，只有善于去观察别人的情绪，才能更好地拉近与他人之间的关系，从而培养良好的人际关系。同理心在家庭当中也具有重要的位置，例如在家庭中，孩子能否分享自己喜欢的食物，能否在吃东西的时候想到疼爱自己的爷爷奶奶，在这些现象的背后都反映出一个孩子能否关心关爱他人。

父母可以利用契机引导孩子，通过询问的形式，让孩子不断反思，强化孩子关心他人的意识，培养体贴他人的行为。例如，通过询问的形式，"爷爷奶奶今天不在家，你觉得我们今天吃饭的时候要不要给他们留一些饭菜呢？""今天你把小红最喜欢的布娃娃弄坏了，如果是你最喜欢的玩具坏了，你会不会伤心呢？""妈妈现在口渴了，现在不方便去倒水，你能否帮妈妈倒一杯水？"继而引导孩子，假如换一个情境到了学校，同学身体不舒服想要喝水的时候，你能不能帮同学倒一杯水。通过一系列的教育情境，循序渐进地引导孩子，树立为他人考虑、关心他人的意识，使孩子能够自觉地站在他人的立场上思考问题，培养孩子的同理心。

孔子曰："其身正，不令而行；其身不正，虽令不从。"家长在日常的生活中，更要做好榜样，用自己的言行来引导孩子，学会关心他人，同时也学会遵守规则。只有把规则教育渗透在家庭日常生活之中，在老师与家长的共同培养下，才能够促进孩子更好地成长。

家庭教育小贴士

如何培养学生的规则意识

1. 家长要坚持做到遵守规则,不破坏规则。

2. 学生规则意识的培养需要教师与家长共同的努力,不能形成"两张皮"。

3. 让孩子以"社会人"的身份参与教育实践,引导其在与人交流协作中,逐渐培养自己的规则意识。

4. 通过创设教育情境,循序渐进地引导孩子,培养孩子的同理心。

第四章　能力远航

NENGLI YUANHANG

第四章
能力远航

幼小衔接该培养孩子哪些能力

从幼儿园升入小学，是孩子在早期需要经历的一次重要的角色转变，很多家长非常重视幼小衔接的问题，也希望能够了解一下目前小学一年级的孩子应该进行哪些能力的培养。

每一位家长都不希望自己的孩子输在起跑线上，小学阶段作为开发智力、学习科学文化知识的重要时期，不仅对于幼儿的认知发展起到非常重要的基础作用，对于幼儿的思维发展更是起到重要的开拓作用。

以往孩子入学时，家长很少关注这个问题，到了该让孩子上学的年纪就会把孩子送到学校，不会慎重考虑孩子幼小衔接的问题。但是随着生活水平的提高，很多家长更有精力也更有能力注重子女的受教育问题，许多家长为了让自己的孩子得到更好的发展，接受到更优质的教育，采取了很多措施。

最近有一个比较极端的案例，有一个家长给我发来她孩子的简历，向我详细介绍了这个看似年龄不大的孩子背后的学习历程。简历大体分为四部分，非常详细地呈现了孩子最近几年的学习经历，2016年在哪个幼儿园就读，2017年、2018年又转到哪个幼儿园就读，2019年在哪个学前班，2017年至今在哪个培训机构培训，学习了哪些特长等等，都写得清清楚楚。

当然，简历上不仅将更换学校的时间记录得非常详细，甚至连孩子学习的内容也非常精确，语文方面读了多少本书，认识多少个汉字；数学方面可以做哪些数学游戏、数学活动；养成了什么好习惯，参加了什么样的入学资格考试等一应俱全。

当我看到这个孩子简历的时候，除了对她的这些经历表示震惊，更多的是对这种情况感到担忧。孩子的简历有 14 页基本介绍，大家可想而知，一个才 6 岁还没有正式步入小学的孩子，在如此丰富的简历背后又承受了多少的压力。孩子学习了这么多不属于这个阶段的知识，同时也剥夺了她作为一个孩子本应该获得的快乐时光。

这种案例在生活中并不罕见，甚至也逐渐成为当前教育的一种常态，不禁引起我们的深思。现在很多家长，从幼儿园开始，甚至从孩子出生开始，就非常重视孩子的学习，非常注重对孩子各个能力方面的培养。为了让孩子得到更好的教育，却忽视了孩子的身心发展规律，压抑了孩子天性的释放。

家长要重视幼小衔接，认识到幼小衔接的重要性，也要尊重幼儿的身心发展规律。同时，家长也应该调整好自己的心态，不要过于焦虑。孩子在每个阶段都有不同的发展需求，我们应该尊重孩子的需求，对于孩子感兴趣的内容，家长应该尽量给他提供一个学习平台，但是对于孩子不感兴趣的内容，也不能过于苛责。

我曾教过的一个学生让我印象非常深刻。开学第一天，我在班级等着孩子们进教室，所有的孩子都来了，只有一个孩子姗姗来迟。后来我了解到，这个孩子第一次找教室的时候，是他妈妈带着他走的教学楼后门进的教室。9 月 1 日上学的时候，孩子需要走前面正门进入教室。他之前没走过这条路，因此找不到教室，当时孩子急哭了，旁边过来一个老师想要帮助他找到教室，但是他边哭边跟老师说："你不要管我，我要自己去找我走过的那条路。"所以他迷路之后，又回去绕到大门口，再走教学楼的后门，重新找到了教室。

在后来的接触中，我了解到由于孩子父母常年在外工作，他平时一直跟着爷爷奶奶一起生活。在进入小学之前，从来没去过幼儿园，也没有去过培训班。但是这个孩子入学后不仅学习成绩非常好，也具有很强

第四章
能力远航

的自理能力以及社交能力。

这件事给我留下非常深刻的印象，小小的年纪在面对困难时靠自己的思维去解决问题，而不是依赖他人的帮助，展现了孩子独特的思维能力以及独立能力。所以，作为家长应该相信每个孩子都有独立发展的能力。

当然，幼小衔接也是有必要的。在入学前很多小朋友也存在哭闹、不愿去学校等入学焦虑问题。面对新的环境、新的老师、新的同学，孩子很难立刻适应。有的孩子刚开学时在学校大门口哭，不愿意进校门。其实不愿意进来的原因在于家长在各个方面没有帮助孩子做好入学准备，孩子缺乏安全感。

所以家长需要在孩子入学前做好充分的准备。这个准备既包括物质方面的准备，也包括心理方面的准备。首先，在物质方面，家长要将步入小学以后需要用到的学习用品准备好，如铅笔、橡皮、本子、书包等准备到位。

其次，也要注重孩子的心理准备。环境不一样了，老师不一样了，周围的小朋友也不一样了，那么怎样跟陌生人交往？怎样相处？怎样在很短的时间内，就能够跟新同学成为很好的朋友？如何去接纳老师？如何接纳周围陌生的环境？等等。这些问题需要在心理上做好准备。

只有主动沟通，才能认识更多的同学，结交自己的好朋友。家长要鼓励孩子有目的、有计划地去认识这些陌生的同学，要让自己的孩子能记住班级中同学的名字。家长可以在孩子回家以后跟孩子交流一下："今天你认识谁了？"通过与孩子对话，让孩子介绍班级中的同学。

同时也要鼓励孩子跟新同学成为好朋友。通过提高幼儿人际交往技能，鼓励幼儿愿意与人交往、多与人交往、会与人交往，让孩子很快在新环境里建立新的人际关系。

幼小衔接不等同于提前让儿童熟悉、了解小学学科课程内容。对于家长而言，孩子的兴趣引导、环境准备等都是孩子入学前应该关注的。

家长应该正确认识和评价幼儿，科学看待幼小衔接。

家庭教育小贴士

幼小衔接该培养孩子哪些能力

1. 家长重视幼小衔接，认识到幼小衔接必要性的同时，也要尊重幼儿的身心发展规律。

2. 家长也应该调整好自己的心态，不要过于焦虑。

3. 家长应该尊重孩子的发展需求，孩子感兴趣的内容，家长应该尽量给他提供一个学习平台。

4. 在孩子入学前，家长需要做好充分的物质方面的准备和心理方面的准备。

第四章
能力远航

家长要不要辅导作业

"不写作业母慈子孝，一写作业鸡飞狗跳。"近期，家长因辅导作业而崩溃的新闻屡上热搜。相关调查显示，90%的家长曾因为辅导作业情绪崩溃，其中四成家长会在辅导作业过程中出现失控行为从而打骂孩子，仅三成家长会在出现冲突时选择暂时离开避免直接冲突。家长要不要辅导作业，如何让孩子在做作业中获得自主成长？

教师有教师资格证、记者有记者证、律师有执业证、工人也有相关技术上岗证，唯独父母，不需要任何机构规范培训。当我们有了孩子，自然而然就成了父母。我们有能力去建立一个家庭，是否有能力去教育好一个孩子？当孩子0岁时，我们要学习怎么做0岁孩子的父母；1岁了，我们要学习怎么做1岁孩子的父母；孩子12岁了，我们要学习怎么做青春期孩子的父母……实际上在孩子的成长过程中，很多家长都忽略了自身的学习与成长。

如果家长自己不具备学习的能力，不去体会孩子的心声，很难成为一个合格的家长。我经常跟老师讲，如果你不是一个好妈妈（爸爸）的话，你是不可能做一个好老师的；如果你不能做孩子的知音，无论是做父母，还是做老师，都是难以出彩的。

当我们有了孩子，也就有了一个新的角色，无论是爸爸还是妈妈，都要学习着怎么去做爸爸和妈妈。首先就要从理解开始，只有你慢慢地理解孩子了，你才能知道如何去面对孩子。

我经常听到很多父母这样的说法，他是我生的、我养的，吃我的、喝我的，然后我还给他准备很多钱，他还不买账……在这样的环境中，父母就会变得很强势。因此很多父母就会觉得，我就是爸爸妈妈，你就是孩子，你就得听我的。这样的家长把孩子当作自己的一件私有物品。当孩子有了自我意识，这样的家庭教育方法很容易让孩子陷入更强的叛逆里，最终造成两败俱伤。

事实上，如果父母把孩子作为人生当中的一个小伙伴去对待的话，很多问题都能迎刃而解了。其实你只是比孩子年龄大而已，提前出生了20年、30年，你要把你自己20年、30年的成长经验和教训，慢慢地以孩子能接受的方式告诉他。

之前热搜的一个视频中，小女孩背乘法口诀，就觉得"三五十五"太难了，父母怎么教，孩子还是不会，最终导致孩子大哭，父母崩溃。对孩子来说，"三五十五"一时难以记住；而对家长来说，就觉得很容易。其实也许父母当时学"三五十五"乘法口诀的时候，也不一定就学得那么顺利，只不过那个时候的感受已经过去了而已。现在，你用自己的眼光看待小女孩背乘法口诀的事情，"这么简单的知识都不能理解""当父母怎么这么难"等话语肯定会脱口而出，只能说你不理解孩子。

十指有长短，孩子也有差异。有的孩子可能就没有开蒙，可能稍微抽象一点的知识对他来讲就难以理解，需要具体一点、形象一点的东西去支撑他进行理解，而有的孩子就是扫一眼就会了。所以，有的孩子一点就透，有的孩子不点就透，也有的孩子可能怎么点也透不了。开蒙晚并不意味着未来差，今天点不透的孩子也许到明天就学懂了，所以不能以狭隘的眼光去看待一个成长中的孩子。

家长辅导作业有人认可，有人不认可，这些都是很正常的，因为每个人所站的角度不同，所持的观点肯定是不一样的。家长辅导作业，我一直是特别不赞成的。

回想我们小时候，爸妈陪你写作业、指导你功课吗？我们这一代人基本上都没有经历过这个过程。但是无论我们学习好或者不好，好像也

第四章
能力远航

都走过来了，对我们的人生好像也没太大影响，并不会因为家长没有辅导作业，使好孩子变得不好了，或者说使不太灵光的孩子更不好了。

在人发展的过程中，最根本的是自己的责任与担当。我们现在都已经工作了，工作中有人表现得很好，有人表现得差，这两种人之间智力上能差多少呢？可能更多的是差在勤奋，差在认真的态度上。熟能生巧，对于一个新入职的人来说，认真坚持，三年、五年下来，就能把工作干得很好，而有的人工作不上心，即使八年、十年，可能还是老样子。回到根本，就是要培养人的一种认真的状态、态度，一种责任感，一种坚持，如果人具备了这样的品质，学习这件事根本不是个大的问题。

好多家长都认为，学习任务没完成或者没有很好地完成，就会有特别大的影响，其实未必。比如一年级的学生在学习过程中，如果没完成得很好，家长就会觉得："别的孩子完成得很好，我的孩子没完成好，孩子没有自信了，孩子很受打击，就会与其他的孩子距离越拉越远……"这就是家长的一种焦虑。其实，有差异是特别正常的事。孩子完成得好，要鼓励他；不好，要让孩子去观察，到底哪里有问题？然后怎么去改进，怎么能更好一点，引导孩子明天完成得好一点，后天再好一点。这就是人的成长。

我刚工作第一年的时候，也感觉到迷茫，怎么教也教不过隔壁班的老教师。老教师一进班里，顿时鸦雀无声；而我一进班，孩子就跟没看见我一样，依旧叽叽喳喳，心里苦恼极了。面对困境，我去请教老教师，去调整自己的心态，慢慢改进做法。今天想来，如果没有那个过程，可能我的人生当中就缺少了很多经历。

人有时候是靠经验去成长，有时候是靠教训获得成长，孩子学习这件事也是一样的。家长不妨放手，让孩子自己去尝试。

家庭教育小贴士

家长要不要辅导作业

1. 如果家长自己不具备学习的能力，不去体会孩子的心声，很难成为一个合格的家长。

2. 如果父母把孩子作为人生当中的一个小伙伴去对待他的话，很多问题都能迎刃而解了。

3. 家长要从理解开始，只有你慢慢地理解孩子了，你才能知道如何去面对孩子。

第四章
能力远航

疫情防控期间，如何上好网课

教育是百年大计，是一个国家和民族振兴发展的最根本事业，关系到一个民族的素质和一个国家的未来。受新冠肺炎疫情全球蔓延的影响，许多国家和地区的传统课堂教学受到了严重的挑战。我国现代信息技术的蓬勃发展，及时填补了学校所面临的教学难题。很多家长咨询，学校开了好多网课，如何在这种特殊时期里，让孩子们提高网络上课效率？

其实网课开通以后有诸多不同的声音，有的家长认为网课不能面对面沟通交流问题，孩子的学习效率可能会大大降低。也有一些家长认为上网课会增加孩子使用手机的频率，影响到孩子的学习。还有一些家长认为比起让孩子在家整天玩耍，网课能够让孩子在疫情防控期间继续学习，还可以实现教育资源的共享，提高孩子学习效率。对于网络授课的种种问题，家长的各种想法无可厚非，是完全能够理解的。

事实上孩子之前在学校线下上课的时候，每节课结束以后也会有一些孩子听不懂老师讲的知识点。从小学各学科的内容来看，只要孩子上课能够认真听讲，课下认真复习，孩子基本没有学不会的知识。但是很多孩子知识学不会的主要原因，就是没有树立正确的学习态度，没有掌握科学的学习方法。

有很多的孩子不知道该怎么去学习，在这个过程中有一些孩子听课的时候就走神了，对感兴趣的内容会稍微学一学，不感兴趣的内容干脆直接不听，这就造成孩子对部分知识的掌握不够扎实。当然也有少部分的孩子缺乏学习方法，造成学习效率低。

而上网课不能够面对面向老师请教、交流，只能通过在家里看学习视频的方式学习知识，在没有人看管的情况下，在家上网课给了很多孩子玩耍的机会，所以在一定程度上线上学习效率不如线下学习。

网课一般采取两种方式，一种是教师提前录好网课让孩子们在线自主学习，目前各个学校基本上都是采用这种方式。另外一种就是直播网络授课。这两种授课形式各有各的好处，录播课的好处就是孩子如果一遍没听清楚、没看懂，还可以再看一遍，能够实现课程的重复使用，提高对课程内容的利用率，方便学生针对性地学习。而录课的缺点就是缺乏互动，教师不能及时掌握学生的现场学习情况。直播课可能与学生之间的互动会强一点。但是我们了解到在很多直播课程中，由于老师需要完成课时计划，所以很多老师也会提前把孩子的语音关闭。目前直播授课也主要是老师讲，学生听，互动也相对较少。开展网络学习，家长要注意以下几点。

第一，调动学生网课学习的积极性。无论采用哪一种学习方式，对于学生来说，最主要的就是调动学生学习的积极性，提高学生的学习成绩，促进学生的能力的发展。假如没有直播课，也没有录播课，只要孩子想学习，自学也是能够学到知识的。学习的关键问题就是孩子内心是否能够产生学习的欲望，引导孩子主动学习、主动求知，是家长要着重关注的。

学习这件事本来应该是孩子自己的事情，但是很多家长觉得学习这件事是自己和孩子两个人的事情。所以就出现了这样一种现象，孩子在这学习，家长拿一块橡皮，什么也不干，就陪伴在孩子的身边，这边写得不行，帮孩子擦掉，让孩子重写，那边写得不行，帮孩子擦掉，然后重写。

孩子如果天天是这样的状态，需要在家长的逼迫下学习，是无法形成学习能力的。学习一定是在孩子学习过程中，主动求索、主动探究的过程。对于同一个知识点，聪明的孩子当堂就能掌握；也有的孩子刚听

第四章
能力远航

完以后一头雾水，但是他愿意去学，所以自己每天把课程听一遍，连着听几天，这个知识点在自己的努力下就能够掌握；还有一些孩子这节课知识点没听懂，就放弃了，等下一节课听不懂，干脆就直接睡觉了，放弃学习了。

不同的孩子对于同一个知识点的掌握水平不同，采取的学习方法也不同。有的孩子掌握得快，有的孩子掌握得慢，孩子是一个能动的个体，能够根据自己的情况去调整自己的学习状态，所以很多时候，家长不需要包办一切，而是需要提供一个孩子能够自由发展的空间，给孩子自由选择的机会。而不是孩子在这学习，家长拿着一块橡皮跟在孩子后面让他改正错误，这种教育方式是完全错误的，不利于孩子发展的。

第二，家长要努力激发孩子网课学习的兴趣。网络授课作为一种新型的授课形式，能够给受教育者带来不一样的学习体验。所以家长们做的事情是要想办法引导他、鼓励他去坚持，然后在他坚持的过程当中，家长要针对表现好的地方给予肯定，而不是简单地泛泛而谈。家长让孩子制订相应的学习计划，每天按照计划进行，学习计划按时完成以后要有相应的奖励措施。家长要培养孩子网课学习的兴趣，抓住教育契机，当孩子进步时要鼓励孩子继续坚持，增强孩子学习的兴趣，培养孩子学习的恒心和毅力。

第三，家长要鼓励孩子自主学习。很多家长认为网课是一种新型的学习方式，自己的孩子不能适应这种学习方式，不利于孩子的学习。其实孩子会不会、能不能听得懂，不仅归结于网课的质量，也与学生的学习能力息息相关。

网课作为一种新型的学习形式，能够给孩子提供自主学习的机会。很多学生能够按照自己的学习进度以及对知识的理解程度调整学习的内容与章节，能够实现更加针对性、个性化的学习。通过一段时间的网上学习，孩子能够获得真正自主学习的心得和方法，促进学习能力的提高。

第四，课后及时利用线上软件与老师进行交流沟通。有一些家长能够帮助孩子解决的学习问题，可以引导孩子解决，如果家长帮不了，可以让孩子及时请教老师。孩子在听完老师讲解的网课以后可以在交流学习区进行交流，有疑问的话也可以及时通过网课平台或微信、QQ等方式与老师沟通交流，还可以与同学"相互切磋"，不要让学习问题"越积越多"。网课不是上完就结束了，要引导孩子对自己的学习状态有合理的评估和准确的分析。家长要充分利用线上学习资源、教师的资源以及同学小伙伴之间的资源，推动孩子的自主学习。

网络授课除了老师做好万全的准备以外，还要家长付出诸多努力，家长要为孩子创造一个好的学习环境，排除孩子学习的一切干扰因素。只有学校与家庭之间的密切配合，才能确保学生学习的效果，共同促进孩子的成长与发展。

家庭教育小贴士

疫情防控期间，如何上好网课

1. 激发学生网课学习的积极性。
2. 要努力培养孩子网课学习的兴趣。
3. 鼓励孩子自主学习。
4. 课后及时利用线上软件与教师进行交流沟通。

是否要给孩子报兴趣班

我曾经参加过学校一个校区的作文讲评课，有一个孩子写了一篇作文，题目就叫《时间都去哪了》。"时间都去哪儿了呢？妈妈说：'你要努力学习。'于是，这个寒假为我报了这个班、那个班，一共五、六个班，我每天不停地穿梭在各种辅导班之间，没有时间看电脑，没有时间玩游戏，没有时间看漫画，甚至没有时间发呆。我问妈妈：'时间都去哪儿了？'幸福的童年就悄悄地从我的身边溜走了，给我一个快乐的童年吧……"

这名同学在分享文章之后，同组的一个同学立刻站起来说："我特别佩服你，我觉得你说得特别好，因为我心里边也是这么想的，我也有很多辅导班，我想跟我妈妈说，但是我不敢。你写出来了，而且在同学面前分享出来了，而且你还要和妈妈分享交流，我就佩服你这种勇气。"

这件事儿对我内心的触动非常大。上兴趣班基本上成为现在学生的标配。对于是否要报兴趣班，我一直保持的态度是不提倡。

一方面，孩子经过一天的学习下来，已经很辛苦了，他应该有属于自己的时间；另一方面，数量繁多的兴趣班、辅导班会扼杀孩子的兴趣，孩子的某个方面发展将受到终身的影响。

我历来对写作业与报辅导班持反对态度。我的学校寒假和暑假是不留作业的，如果留的话可以留看书的作业，引导孩子们走进书的大千世界。阅读的常规做法是，读书后写读后感，但学校提倡不写读后感。在推行初期，很多家长和老师都会有疑惑："不写读后感，怎么知道孩子有没有读书呢？"

学校提倡读书，其实是要引导学生让阅读成为一种习惯。读书是一件很自然的事，但是写读后感会让很自然的一种读书爱书的状态戛然而止。比如你喜欢听音乐，一边做家务一边听音乐，或者伴着午后的阳光躺在摇椅上听音乐，音乐不仅能舒缓心情，还能给人带来美的享受，都是极为舒服的状态。但如果留了一个任务，每天必须得听够 10 首曲子，还要写出 10 首曲子的听后感，那听音乐肯定就有负担了，带着任务听音乐也就不是自然状态了。

看书这件事和听音乐在本质上是一样的。小学阶段，是阅读习惯养成的重要阶段，但一定是慢慢培养的过程，是润物无声的过程，让孩子慢慢地体验到阅读的乐趣，从而对阅读感兴趣。

比如说老师可能留这样的作业：回去读《狼王梦》。也许很多孩子读完了，也许有的孩子可能读了一半，也许有的孩子可能就读了几页，甚至可能有的孩子根本没有读，这都不是大事儿。开学之后，各个班要开读书分享会。然后老师通过孩子们的表现就能知道谁读完了，谁读得精，也一定会知道哪个孩子可能根本就没读。

对于那些没有读的孩子，家长也不必过于着急。在阅读分享的过程中，老师可以慢慢地引导孩子了解这个作品，或者用他感兴趣的作品影响他，慢慢地牵着孩子走进阅读的大门。如果学校用写读后感的指挥棒，硬性地去要求他，反而会扼杀孩子的兴趣。老师和家长要做的就是因势利导，根据孩子的特点，进行引导。

报兴趣班这件事儿跟阅读这个道理有点相通，孩子如果真喜欢不妨去报。在我看来，家长还得坚持三条原则：第一条就是无所谓报不报班；第二条就是如果真是必须报的话，一定要在孩子的兴趣点上，孩子愿意去学的，就鼓励他学；第三条就是尽可能地要报得精一点，数量少一点。我一直推崇的是可以加强体育类的训练，让孩子动起来，去流汗，让身体活跃起来，孩子健康了，才有更多的精力去学习，从而形成良性循环。

第四章
能力远航

很多家长选择报兴趣班，报的其实是家长的焦虑，或者是家长的虚荣，又或者是家长的被裹挟。很多时候，报班投入的财力和精力，并没有达到相应的回报。还有很多家长报班是为了培养孩子的兴趣，企图通过广撒网，找到孩子的兴趣。接触一段乐器后，孩子难以坚持，就改学美术，学习一段时间后，感觉孩子没有美术天分，又换成声乐……这样的想法不能说不正确，但是不断地尝试与不断地放弃，并不能带给孩子很好的性格培养和毅力培养。与其这样的不断调换，不如根据孩子的特点，和孩子商议出最适合孩子的1~2种兴趣班，让孩子在坚持中收获成长。

家庭教育小贴士

是否要给孩子报兴趣班

1. 小学阶段，是阅读习惯养成的重要阶段，但一定是慢慢培养的过程，是润物无声的过程，让孩子慢慢地体验到阅读的乐趣，从而对阅读感兴趣。

2. 加强体育类的训练，让孩子动起来，去流汗，让细胞活跃起来，孩子健康了，才有更多的精力去学习，从而形成良性循环。

3. 和孩子商议出最适合孩子的1~2种兴趣班，让孩子在坚持中收获成长。

如何面对学困生

什么是学困生呢？一般对于学习语文、数学、英语等科目接受能力强、接受知识快、学习效果好的学生叫学优生；而那些学习存在困难、接受知识比较慢、学习效果比较差的学生则称为学困生。

每个孩子自身发展的情况是不一样的，战国时期楚国诗人屈原在《卜居》中也提到"夫尺有所短，寸有所长"。我们的手掌伸出来，会发现手指就不一样长，有长一点的，有短一点的，虽然各有差异，但是每个手指都能发挥自己的功能，实现自己的价值。其实孩子也是一样的，每个孩子都会有相对擅长的地方，也会有不擅长的地方，所以家长不能要求自己的孩子跟别人的孩子一样各科成绩优异。

家长不要太介意孩子每次考试的名次，纠结自己的孩子是不是在班里考第一，或者孩子是不是处在中等偏上的水平。可能有的家长会觉得自己也不要求孩子是学习成绩最好的，哪怕自己的孩子处于中游的水平也行，只要不是在倒数的位置上，家长的心理压力就会稍微小一点。

其实不妨换一个角度考虑问题，孩子学习存在困难，是有原因的。有的孩子是天生对某个学科不感兴趣，因为每个孩子对学科当中的一些概念，一些知识，一些原理或者一些现象的感知能力是不一样的，身心发展存在差异。也有些学生是后天发育比较缓慢，理解知识需要一个循序渐进的过程。

首先，家长不要给自己的孩子先贴上"学困生"的标签，认为自己的孩子学习不好，其他方面的能力也不好。家长要善于观察孩子，多去发现孩子身上的闪光点，帮助孩子寻找学习的乐趣与价值。

第四章
能力远航

孩子有不擅长的地方，就一定会有擅长的地方。家长不要在孩子不擅长的地方使劲地下功夫，不要拿自己孩子的劣势与别人家孩子的长处作对比。这样做不仅没有任何价值，反而会挫伤孩子的学习积极性，打击孩子的自信心，增加孩子的心理负担。

其次，家长要调整自己的心理状态，降低对孩子学习的要求。孩子掌握基本知识以后，不要再对孩子提出过高的要求。同时在孩子取得点滴进步时及时鼓励，孩子在轻松愉悦的环境中会逐渐减少学习压力。在得到家长、老师的认可后，孩子才会逐渐找到自信，体会到学习的乐趣，学习成绩才会稳步提升，并进一步激发孩子的学习兴趣。

有些家长比较着急的是，自己的孩子确实认认真真学了语文、数学、英语，可是别人家的孩子能考80分、90分甚至100分，而自己的孩子可能就70分，或者是刚刚及格。家长要调整自己的心理状态，认清孩子的发展现状，接受孩子目前的能力水平，并制定与孩子能力相匹配的发展目标。同时进一步帮助孩子寻找原因，改善目前的学习状态。

有时候孩子对抽象的知识缺乏明确的感知，很难理解知识。家长要学会引导孩子，帮助孩子理解知识，而不是简单的一道题做不明白，就继续让孩子做两道、做三道、做五道、做十道。一道题没有理解透彻，再做十道题也是无济于事。同时家长也不应该过分看重孩子的考试成绩，让孩子在心底觉得自己不行。学困生在理解力方面本身就比其他孩子稍微弱一点，假如家长急功近利，想让孩子尽快改变这种状态，有时候反而会适得其反，让孩子进一步厌恶学习。

最后，家长要选择合适的教育方法，灵活处理孩子的问题。对孩子应该以鼓励为主，进行不失时机的表扬，让孩子感受到努力就会进步，而不是归功于聪明。家长可以多与专业人士、有经验的父母、有经验的老师进行沟通，学习他人成功的育儿经验。

在沟通方法、沟通认识方面，家长也一定要注意，没有一个方法是万能的，教育没有万能钥匙。叶圣陶说过："教学有法，教无定法，贵在得法。"教和学是有一定的规则的，教学要有方向和目标，不能偏离。但是在教育孩子的时候没有什么必须遵守的方法，只要能达到教的目标和学的目的，可以采用一切合理的方法。

有时候某个方法真的对孩子有帮助，但是你用一次、两次、三次，会发现这个方法失灵了。真正最有效的方法，是通过家长的智慧，不断结合孩子现实情况进行调整修改，所以说家长对孩子的教育贵在得法，实际上是一个不断调适的过程。家长在面对孩子出现的问题时，大多数时候都会手足无措，不知道该怎么帮助孩子，所以在教育的过程中不只是考验孩子，还会考验家长如何找到最有效果的方法。

作为家长，要做到能够"见招拆招"，要想尽一切办法，帮助孩子。家长可以选择求助老师或者求助其他人，要慢慢地引导孩子，不要给孩子贴上"学困生"的标签，这样只会打击孩子的自信心。当孩子发现自己这也不行，那也不行，就会失去对其他事物的兴趣，产生获得性无助感，不利于孩子的长远发展。

有些学困生由于长期受到打击，走出校园以后精神状态也是萎靡不振，有的孩子腰都直不起来，唯唯诺诺。所以家长要在生活的点滴小事中渗透教育，抓住机会鼓励孩子，保护孩子的自尊心。有时候孩子学习可能不好，可是家长可以教育孩子成为一个懂礼貌的好孩子。见到邻居主动打招呼以后，家长就可以及时表扬孩子。让孩子多发现自己身上的优势以及闪光点，就会逐渐找到自信。孩子自信心变强了，这种状态就会逐渐迁移到学习中，孩子就会逐渐找到学习的自信。

总之，孩子年龄尚小，心智发育尚未完全，孩子的成长需要家长的理解与尊重。当学困生身临困境，缺乏自信心时，家长要辩证地去看待自己的孩子，去鼓励他、支持他，善于发现孩子的长处，学会取长补短，以此激发孩子的自信心，产生对学习的兴趣。

第四章
能力远航

家庭教育小贴士

如何面对学困生

1. 家长不要给孩子贴上"学困生"的标签，认为孩子学习不好，其他方面的能力也会不好。

2. 家长要善于观察自己的孩子，多发现孩子身上的闪光点，帮助孩子寻找学习的乐趣与价值。

3. 家长要调整自己的心理状态，降低对孩子的学习标准，放宽要求，不要再对孩子提出过高的要求。

4. 家长要选择合适的教育方法，灵活处理孩子的问题，以鼓励为主，进行不失时机的表扬，减少孩子学习压力，逐渐激发孩子的学习兴趣。

如何上好新阶段的网课

线上教学刚开始的学习内容是以复习之前的旧知识为主，现在新课也已经开始陆续进行。很多家长对于进行线上新授课教学能否保障孩子学习的质量与效率存在疑惑，家长对于什么时候开学，以及孩子什么时候放假等相关的信息，也是非常关注的。

学校是按照北京市朝阳区教委的精神进行网络授课，对于授课的内容与质量会有充分的保障。每位教师都会坚守在自己的教学岗位，疫情防控期间停课不停学，在每堂课结束以后，教师会针对孩子不懂的问题以及知识点再进行重点讲解，当然家长也可以让孩子利用课余时间再次观看录制的课程视频。

"凡事预则立，不预则废。"做任何事之前都要做好充足的准备，网课也不例外，前期的准备工作是上好网课的基础。

首先，在进行网上授课之前，学校已经组织教师提前进行线上教学的相关培训工作，对于授课软件的使用以及相关功能进行详细讲解，保证每位教师都能够熟悉线上教学的工具，保证线上教学的质量。

同时，各科教师在进行线上上课之前也会提前进行备课，由于线上授课没有黑板可以使用，授课内容演示主要靠PPT等软件进行。教师要在课件制作上花费很多心思，课件内容既不能花里胡哨，使学生分散注意力，也不能过于枯燥，让学生失去兴趣。学校各教研室主任会对各科教师要随时进行线上监督，对出现的问题要及时解决。家长在家中要帮助孩子做好课前心理准备，面对新的教学形式，很多孩子可能会存在不适应的状况，家长要及时做好引导工作。

第四章
能力远航

"工欲善其事，必先利其器。"在进行网上授课之前，最重要的一点就是要检测好网络平台的性能，检查网络是否流畅，提高对授课软件功能的掌握程度，避免课程开始以后出现网络"翻车"事故。教师要提前检测麦克风是否正常开启，网络是否卡顿，教学环境是否相对安静，避免在授课过程中出现没有声音或者网络卡顿等影响教学正常开展的问题。同时家长在家中也要帮助孩子提前检查好网络设备以及摄像头，并给孩子提供一个安静的学习环境。

其次，在线上授课刚开始的时候，学校会给孩子们一段时间来适应新的教学方式。这段时间的教学节奏比较缓慢，教学内容主要是以复习旧知识为主，孩子在学习期间会接受语文老师、数学老师等各个学科教师的线上指导。在适应一段时间以后，开始进行新授课的教学。

孩子们居家学习期间的教学都是整体设计的，所以家长可能比较担心孩子们进入新课教学阶段，过去讲过的知识点就不再讲了，也担心线上教学的效果问题。学校会有查缺补漏的过程，会对孩子的学习内容进行阶段性的检测。通过教师提问、课后作业以及单元检测等多种形式，对孩子的学习内容进行检测，全面了解孩子线上学习的状态。对于孩子集中出现的难点问题要进行二次讲解，帮助学生掌握。对于个别学生出现的问题，教师也要单独进行一对一线上指导，帮助学生改正。

最后，在线上教学结束以后，学校会通过多种形式与孩子以及家长进行交流，了解线上孩子学习的实际情况。有时候教师与孩子进行的线上交流未必能够获得孩子学习的真实状况，所以这时候学校需要与家长进行及时沟通，从侧面了解孩子的真实状态。学校通过了解家长的看法以及意见，可以针对家长反映的问题对线上教学进行集中调整，进一步提升教师线上教学的工作水平，为学生提供一个更好的学习环境。

从整体的教学设计来看，为保证教学进度的有序开展，教师不可能为了个别学生对教学内容进行多次重复讲解，由于线上教学的局限导致教师无法关注到孩子的一举一动,对学习内容有问题的孩子要及时向老师请教,主动寻求教师的线上答疑。如果有一些问题不是当堂出现的,可能过段时间孩子对这个知识点又产生问题了,孩子可以选择下一节课与教师沟通。如果通过电话等形式无法清楚表达问题,也可以用纸笔记下问题,等回到学校以后再来进行答疑解惑。

家长要鼓励孩子出现不懂的问题时主动向老师请教。在目前的疫情形势下,停课不停学将会是新常态。家长以及孩子只能选择适应目前的教学环境,教会孩子学会适应不同的环境,这也是将来孩子走上工作岗位需要掌握的一种重要能力。

希望在今后的学习过程中,家长可以直接与老师进行沟通交流,共同解决问题。在停课不停学期间,教师也应当管理好班级内的学习秩序,在家长与教师的共同努力下,可以共同为孩子的学习与成长保驾护航。

家庭教育小贴士

如何上好新阶段的网课

1. 家长要帮助孩子做好心理准备,帮助孩子适应新的教学方式,引导孩子主动学习。

2. 家长要帮助孩子提前检查好网络设备以及摄像头,并给孩子提供一个安静的学习环境。

3. 家长要鼓励孩子主动向老师请教,家长也要与教师进行及时的沟通交流。

第四章
能力远航

孩子线上学科学习，家长能做点什么

新的学习模式，必然要有新的学习方法与之对应，如何高效完成新阶段的线上学习，需要家长和孩子齐努力。不仅要学会查漏补缺及时沟通做好记录，更要鼓励孩子自主学习，保持家校间的良好沟通。

2020年4月13日，北京市各中小学迎来线上学科学习的新阶段，孩子们开始学习新内容。"自主学习""自我管理"依然是孩子们在新的学习阶段的成长关键词，因此需要家校协作，多管齐下，帮助孩子实现高效学习。

首先，查漏补缺必不可少。目前，各学校对整个阶段（从2020年4月13日开始到7月初）的教学进行了整体设计，其中包括了查漏补缺的过程。如果孩子们在学习的过程中产生问题，老师会及时在线上进行指导，同时也会以作业或练习的形式，对孩子们进行学习效果的检测，了解孩子们线上学习的情况，做到及时查漏补缺。在返校之后，老师和孩子进行面对面教学时，也会去了解和弥补孩子们对知识学习的缺漏，不管是线上还是线下，查漏补缺是教学中必不可少的过程。

其次，及时沟通做好记录。除了学校的查漏补缺工作，家长们也要鼓励孩子积极与老师进行沟通和交流。当孩子在学习过程中产生疑问时，要及时将问题提出来，与老师进行沟通。课后有疑问，也要联系老师，随时交流问题、解决问题。不管是线上还是线下，老师每天都会和孩子们有一个沟通的时间，所以当孩子产生问题的时候要及时和老师进行沟通。如果在线上无法将问题讲清楚，家长也可以鼓励孩子将问题记录下来。将来进行面对面上课的时候，再与老师进行交流，从而保证学习的质量。

再次，鼓励孩子自主学习。自主学习是孩子必须具备的一个重要能力。家长要教育孩子相信自己，给孩子充分的信任，引导孩子确立目标，鼓励他们进行自主学习。在新的阶段家长依然要鼓励孩子进行自主学习和自我管理，让孩子相信自身的能力，在没有老师面对面指导的情况下，依然能够学好，依然要更加认真地学习。家长要引导孩子确立学习的目标，孩子有了自主性，学习有了内动力，学习质量和学习效率必然会有显著的提升。

最后，保持家校良好沟通。在线上学习的过程中，家校保持良好的联系是十分必要的，家长可以定期向老师反馈孩子的学习状态。在新阶段的学习中，如果家长有什么问题和困惑，也可以及时与老师进行沟通和交流。由于居家学习的特殊性，孩子在学习过程中可能会产生心理问题、情绪问题等，都需要家长进行及时的疏导。家长与学校保持动态的联系，老师与家长齐出力想办法，才能形成家校合力，为孩子的学习和成长助力。

作为家长，要做到相信孩子，推动和引导孩子进行自主学习，而不是代替孩子做他们该做的事情，从而产生不必要的焦虑。

家庭教育小贴士

孩子线上学科学习，家长能做点什么

1. 不管是线上还是线下，查漏补缺是教学中必不可少的过程。

2. 当孩子在学习过程中产生疑问时，要及时将问题提出来，与老师进行沟通。

3. 家长要教育孩子相信自己，给孩子充分的信任，引导孩子确立目标，鼓励他们进行自主学习。

4. 由于居家学习的特殊性，孩子在学习过程中可能会产生心理问题、情绪问题等，都需要家长进行及时的疏导。

第四章
能力远航

返校复课，你准备好了吗

随着疫情防控取得了阶段性的胜利，我们的"小神兽们"马上就要到学校上课了，家长们经历了几个月的"实习班主任"，实习期也马上就要圆满结束了。我猜想家长们做这个班主任，肯定有很多感受，那么现在就面临着很多的孩子要回到学校里面来上课，家长们肯定会有新的忧虑甚至会有一些不安。很多家长都非常关心孩子们到学校以后，这段时间的身体健康是否能够保证，我想先回答这个问题。

北京市委教育工委、市教委和朝阳区教工委、教委都非常关心孩子们的健康问题。实际上，在准备开学的这段时间里面，对学校也提出了很多的要求。例如，孩子们到学校之后上洗手间时，要求每两个孩子之间要间隔一米；吃饭的时候，过去是一张桌子四个学生一起就餐，现在改成两个同学在一起就餐，并排而坐，所有同学就餐的方向都是一致的，这样就把风险点尽可能降到最低。实际上把这个方向调整过来之后，一张桌子上仅坐两人，就座的同学人数就相当于过去的一半，所以孩子们的就餐环境，从人数到卫生各个方面上都是有保障的。后期学校在学生放学后的管理方面也会作一些相应的调整，目前规划尽可能地分散各个年级放学后等待的地点，各个年级的家长以及教师需要进一步的配合。举这几个例子实际上就是减少家长对开学后疫情防控问题的忧虑，学校会做好充足的准备，确保学生开学后的学习与安全。

距离孩子们到学校来上课还有一段时间，学校也希望家长在这一小段时间里，引导家长关注孩子以下几个问题。

第一，家长要有目的、有方向地帮助孩子调整好作息时间。家长要根据自己孩子的特点，充分利用开学前的一段时间，帮助孩子调整状态。实际上孩子上网课的这段时间里，老师已经强调了孩子作息时间的问题。网课的学习一方面是让孩子学一些书本知识，另一方面更重要的是通过网课让孩子在家里调整好学习节奏。这个学习节奏实际上就是孩子要按时起床，按时休息，按点就餐，包括早餐、午餐、晚餐开始的时间，也要注意在家运动，一天中整体的作息要有规律。

相信家长也利用了很多方式帮助孩子来进行调整，但是据学校了解，也有一小部分孩子在作息这方面还没有调整好。为此，在这里再跟家长重申这一点，一定要利用好开学前的一小段时间，帮助孩子及时调整作息时间。时间的调整直接会影响到孩子开学后的精神状态，良好的学习习惯对孩子学习的效率和效果有非常重要的影响。

第二，家长要注重孩子开学后学习节奏的心理调整过程。很多同学跟着学校的网课进行学习，效果非常好。朝阳实验小学教育集团每天都会在网络上观测学生们在线学习的情况，各个校区学生们在线学习的百分比都是非常高的。基本上每天都在95%以上，甚至有的校区达到了百分之百的在线学习率。

能够保持高出勤率与家长在家中的支持与监督是分不开的，现在马上就要复课开学了，线上学习逐渐地要转成教师面对面线下沟通，恢复到以往的面对面授课学习。孩子们经历了几个月在家里的线上学习，在心理上也产生了一个调整过程，从以往的不适应到逐渐适应线上学习。在这个过程中，大部分的孩子都以积极、乐观的心态来调整自己的状态。

有一些同学在家里面适应得比较慢，学习节奏比较凌乱，甚至可能有点不愿意到学校来上课了。无论是积极主动的或者是相比而言比较消极的学习状态，家长都要引起注意，要针对孩子的日常表现进行正能量的、正面的教育。要让孩子知道到学校上课不仅是需要，不仅是兴趣，

第四章
能力远航

更重要的是孩子作为祖国的未来建设者要肩负着建设国家的责任。只有孩子坚持学习，不断成长，学习更多过硬的本领，将来才能为国家的繁荣与昌盛奉献自己的一分力量。家长要注重培养孩子的责任担当意识。

第三，注重孩子线下和线上课程有序衔接。目前北京市教委推出来的课程以及学校线上的课程是持续更新的，孩子能够进行连续性的学习。在最早设计网络课程的时候，学校已经做好了课程长远的发展规划，考虑到孩子们线下回到学校之后的学习问题，线上的内容也是一直持续跟进的。因此未来的学习过程当中会继续坚持线上线下相结合的模式，能够使孩子更加方便快捷地复习以往没有掌握的知识点，能够实现课程的重复性使用，提高课程的使用效率。

在学校上课时，学校仍然以跟老师面对面的交流学习为主，争取让孩子们在学校把应该学的内容或者有疑问的地方，尽可能当场学会，遇到学习问题能够及时解决。将线上的学习作为线下学习的补充，这样能够进一步提高学生的学习效率，更好地实现教育目标。

因此，家长也要对孩子进行学习方式的教育，帮助孩子解决线上学习以及线上设备使用出现的问题，为孩子在家中的线上学习提供一个好的学习环境。孩子们到学校以后老师也会与家长及时沟通和交流，针对线上与线下课程出现的问题进行进一步调整，让课程更好地促进学生的学习。

第四，家长要向孩子强调做好开学后新冠肺炎的防控工作，引导学生如何更好地保护自己。考虑到复课以后，很多长时间没有见面的同学可以重新一起学习，同学之间一定会非常亲切，所以家长要嘱咐孩子尽量不要与同学之间产生身体接触，在进行面对面的交流时也要注意保持距离，饭前便后及时洗手消毒，外出戴好口罩。

需要跟孩子交流的事情还很多，也希望家长能够把相关的工作做好。同时，学校老师们也都做了非常充分的开学准备：门岗管理方面，放假期间一律进行封闭管理；物资准备方面，根据学校规模、师生数量，储备足够数量、符合要求的防疫物资；安全卫生方面，在合适区域配备水龙头或移动洗手设施，准备肥皂、洗手液等用品。

课程准备方面的工作，未来面临着查缺补漏，包括新课如何跟进的问题，学校都做了非常充分的准备。希望家长们能够放心、安心，在老师、家长、孩子、学校的共同努力下，我们共同营造一个能够让孩子健康快乐成长和良好发展的环境。

家庭教育小贴士

返校复课，你准备好了吗

1. 要有目的、有方向地帮助孩子调整好作息时间。
2. 注重孩子开学后学习节奏的心理调整过程。
3. 注重线下和线上课程有序衔接。
4. 做好开学后新冠肺炎的防控工作。

第四章
能力远航

为何要给孩子减负

教育的过程，是"立人"的过程；学习的过程，应当是快乐的过程。随着人们生活水平的提高和社会价值的日益多元，以及信息的越来越发达，孩子们在成长过程中受到的各种挑战和诱惑也越来越多，出现心理问题的概率也会大大增加。

面对孩子们可能出现或已经出现的心理问题，作为教育者，不能总把目光聚焦在那些出了问题的地方，应当着力引导孩子们用积极的心态来对待心理问题和心理现象，着力激发他们潜在的积极品质和积极力量，从而使每个孩子都能顺利地走向属于自己的幸福彼岸。

就目前我国的教育状况而言，开展"幸福教育"的首要工作是把学生从过重的课业负担中解救出来，把学习变成快乐的事，把校园变成孩子幸福、健康成长的乐园。

减轻学生课业负担是教育界公认的"老大难"问题。多年来，这个问题依然没能得到有效的解决。尽管学生、家长、学校和社会对此都有非常强烈的不满，尽管教育改革总把这一问题作为重要内容，但学生的书包却一直没有轻下来，学生的书包由过去的"单肩背"变成了"双肩背"，又由"双肩背"变成了"拉杆箱"，各种教材、教辅资料等依然把书包塞得满满当当，学生的负担由此可见一斑。

有人认为，在减负这个问题上，目前几乎是无解的，没人能开出药方来。但我认为，虽然应当充分认识到减负的复杂性、艰巨性和长期性，但减负并不是一道无解的题。

我们学校老校长马芯兰老师的教改实验，就在数学教学中很好地减轻了学生的课业负担，我在教学中也作了一些探索，比如不给学生留家庭作业，教会学生高效学习，等等，其实都在一定程度上减轻了学生的学习负担，提高了学生的学习效率。

通过教师素质的不断提高，随着教学改革的不断深化，随着教育者不断的探索和实践，减轻学生负担才有可能得以实现。

把学生的负担减下来，才可能使学生根据自己的兴趣爱好去主动学习，才可能使学生在学习中有快乐体验，才可能促进学生全面发展、学有特长，才可能使学生的身心得到轻松、愉悦的感受，"幸福教育"才有可能实施。

作为学校的管理者特别是作为校长，在减负问题上应当有清醒的认识，同时应当有明确的思路和可行的实施方案。

家庭教育小贴士

为何要给孩子减负

1. 把学生从过重的课业负担中解救出来，把学习变成快乐的事，把校园变成孩子幸福、健康成长的乐园。

2. 把学生的负担减下来，才可能使学生根据自己的兴趣爱好去主动学习，才可能使学生在学习中有快乐体验，才可能促进学生全面发展、学有特长，才可能使学生的身心得到轻松、愉悦的感受，"幸福教育"才有可能实施。

第四章
能力远航

如何培养孩子长久的兴趣

我和很多家长交流过兴趣班的问题，发现有一个很普遍的现象，很多孩子上兴趣班三分钟热度，开始的时候特别感兴趣，很喜欢学，可是学着学着就不想学了，就开始厌烦了。在这种情况下，家长应该让孩子坚持下去，还是尊重孩子的意见选择放弃，然后换一个兴趣再重新学？对这个问题的回答，还是需要具体问题具体分析。

第一，家长要引导孩子作出选择，确定是不是孩子的兴趣。是孩子确实喜欢，还是一时兴起觉得好奇，这是非常重要的。孩子年龄尚小，会对周围一切新鲜事物充满好奇和探究的意愿。兴趣需要父母的好好保护、好好引导，但是孩子的兴趣随意性很大，这就好比去玩具店，他看到什么都想要，但不可能都搬回家。所以一般家长都会让孩子作出选择，让孩子挑选一个最喜欢的玩具带走。

其实兴趣班也一样，孩子时间有限，精力有限，不可能把感兴趣的每一件事都学精。在孩子纠结跟选择的过程中，作为家长应该协助孩子一起选择，只有对一件事真正有兴趣的时候，孩子才能坚持下去，以后才能够有长足的发展。否则即使短时间内在家长的鼓励下孩子能够咬牙去坚持，到了一定程度也会放弃的。所以家长首先得了解孩子的真正想法，也要观察是不是孩子真正的兴趣，帮助孩子作出选择。

第二，家长要不断地鼓励孩子，让孩子学会坚持。如果确实是孩子的兴趣，要不要让孩子坚持这件事的回答是毋庸置疑的，肯定是要鼓励孩子坚持。"台上一分钟，台下十年功。"做任何一件事都没有一帆风顺的，成功的路上一定会遇到坎坷，只有不断磨炼孩子的意志，让孩子学会坚持，才能让孩子在未来的人生道路上走得更远。当兴趣逐渐发展成为孩子的一种特长，成为孩子具备的一种能力时，兴趣才会更加的稳定。

随着在兴趣班学习难度的逐渐增加，很多孩子对自己能力的自信也会动摇，再加上枯燥无趣的练习过程，很多孩子中途就会渐渐退出。家长要慢慢引导孩子学会坚持。要让孩子明白学习任何新事物的时候，都会经历瓶颈期，在瓶颈期的时候自己付出的努力看似没有任何改变，但是只要咬咬牙坚持过去，就会迎来质的变化以及技艺水平的提高。

第三，家长要设置合理的目标。父母应该对孩子的能力和现实条件有正确的认识，切忌急于求成，好高骛远。赏识教育家周弘老师说："总让孩子努力，却总不让孩子尝到成功的甜头，他哪来动力呢？让孩子尝到成功的甜头有个诀窍，不妨称为够苹果原理：跳一跳，够得着。"

孩子为什么会选择放弃自己的兴趣爱好，原因是多方面的。一是因为孩子报的兴趣班比较多，精力比较分散，再加上沉重的学习任务，很多孩子选择了放弃。二是孩子选择了放弃与家长的做法也有关。有些父母带给孩子过多的心理压力，孩子有时候觉得自己可能达不到父母要求，所以选择了放弃。有的家长说："我希望我的孩子将来成为知名画家、著名的音乐家。"但事实上这些目标都是很难实现的，因为家长在给孩子设置目标的时候没有从孩子的现有水平出发。

著名教育家维果茨基提出最近发展区的原理，家长要在孩子现有的发展水平上为孩子提供一定的发展条件，帮助孩子实现长远目标。家长在了解孩子现有水平的基础上，为孩子设置合理的目标。要承认自己孩子与他人之间的差异，面对孩子每一次的成功与失败，有平稳的心态。在给孩子选择课外兴趣班时，家长切忌专制，不能将自己的主观愿望凌驾于孩子之上，对孩子的教育不能操之过急，急于求成。否则孩子上兴趣班也是事倍功半，达不到预期效果，严重的还会对孩子身心造成伤害。

家长要做到的是顺其自然、循序渐进。不要把孩子的目标定得太高，

第四章
能力远航

要定在孩子够得着的范围之内,让孩子有继续学习的动力。每一节课设定为一个小目标,让孩子在家长的陪伴下,慢慢成长,逐渐接近自己的目标,最终实现长远的发展目标。

第四,家长与孩子要及时沟通,尊重孩子的意见和想法。有的家长为孩子选择了很多自己感兴趣的兴趣班,却并没有考虑到孩子的想法。看到邻居家孩子学跳芭蕾舞,觉得别人跳舞的时候气质非常好,于是回家就帮自己的女儿报上了芭蕾舞班。但事实上家长没有想过自己的孩子适合不适合这个问题,只是单纯地觉得孩子学了舞蹈以后能够帮助孩子修身养性,培养气质。

以学钢琴为例,钢琴是所有的乐器当中最基本的,有些家长希望自己的孩子能够参加钢琴考级,从一级考到十级。但这是家长帮孩子设定的路线,很多孩子对学钢琴刚开始的时候感兴趣,就是因为兴趣很纯粹,没有考试,只需要在学习的时候享受内心的愉悦。但是当家长对孩子的期许过多的时候,显然就是给孩子带来过多的压力,自己不仅要学,还要学到极致,学到最好,这个时候孩子就会产生焦虑,心情就会比较低落,导致孩子想放弃。

很多家长认为,不要让孩子输在起跑线上。有些家长甚至将自己的梦想加在孩子身上。有些孩子对于自己不喜欢的兴趣班,无力反抗父母,最后只能勉强硬着头皮去学。其实这样对孩子的成长是很不利的。当家长把孩子的兴趣当成一项任务的时候,会导致孩子慢慢失去兴趣。孩子喜欢音乐,你让孩子一天听10首曲子,听完以后写听后感,过段时间你会发现,孩子不会再喜欢听音乐了。所以当兴趣变成一种衡量孩子水平的标准时,孩子就会逐渐对这件事失去兴趣。

家长在选择兴趣班时还是要多与孩子沟通,家长要时刻从孩子的角度想问题,更多地听取孩子的意见,尊重孩子的兴趣志向和兴趣发展水平,根据孩子的学习兴趣来适当选择课程,不要强迫孩子考级。每个孩子都有自己的优点和长项，家长要善于发现孩子的优势，按照孩子的优势进行优势互补，使孩子的优势不断得到发挥，也更容易产生兴趣和自信。

有时，相比于兴趣，坚持更为可贵，也许兴趣是一时兴起，而坚持会让这种兴趣成为一种习惯，这种习惯会让孩子受用一生。作为家长，必须远离功利，摆正心态，适当引导，扮演好一个规划者的角色，引导孩子学会坚持。

家庭教育小贴士

如何培养孩子长久的兴趣

1. 家长要引导孩子作出选择。
2. 家长鼓励孩子学会坚持。
3. 家长要设置合理的目标。
4. 家长要做到的是顺其自然、循序渐进。
5. 与孩子要及时沟通，尊重孩子的意见和想法。

第四章
能力远航

如何不让学习成为孩子的负担

"减负增效"是教育的一个永恒的主题。什么是负担？如果孩子投入很大的精力，他并不感觉很痛苦，也并不觉得很困惑，反而非常有兴趣，就不能叫负担。

哈佛大学的图书馆里24小时都亮着灯，那么我们说哈佛的学生是不是真的负担很重呢？如果一个人有着非常饱满的精神状态投入的时候，他觉得这个是人生当中的乐趣，很有兴趣地去完成一件事情，就很难谈负担。

但是现在减负的问题在哪？我们设立一些目标让孩子们去完成，在完成过程中孩子们失去兴趣了，不愿意去做了，于是就感觉负担很重，甚至出现像高中生参加完高考以后，撕书、烧书宣泄情绪。

现在学生确实负担很重，但是在减负的过程中，学校要根据每个班的孩子，甚至每个孩子自身的特点，有针对性地对他们进行教育。学生负担主要来自两个方面，第一个是知识课上的学习。课上的学习，如果解决了能力的问题，可能孩子负担就会轻一些。中医有一句话叫作"通则不痛"，孩子学通了就不会觉得困难了。把孩子教得明白，教得轻松，孩子们能够学通学明白，这是每个老师要研究的课题。

第二个负担主要来自课下的作业，如果它的针对性不强，就会导致作业量多。是不是所有的老师都希望自己班的孩子在题海当中挣扎？做教育的人都不希望这么去做。但是为什么又会出现一些特别"囧"的现象，因为老师希望在这种练习的状态下让所有的孩子都能够进步，所以在作业量控制的时候，就会以相对弱的孩子的水平作为尺度，由于针对性不强，长时间就会形成恶性循环。

中医上还有一句话叫"对症下药"，头疼就给头疼的药，肚子疼给肚子疼的药，针对不同孩子的问题留相应的作业。如果要解决了通则不痛，解决了对症下药的问题，我们所说的"减负"自然就会容易很多。

小学所学习的知识可以转化成一种能力，这种能力会对孩子未来的成长有着非常重要的影响。对老师来讲，要思考我们要培养什么样的人，是简简单单地把分数作为一个重要的标尺，还是通过学校所教的知识为孩子积淀一种能力，为孩子未来发展奠定基础。当大家把这件事想清楚了，教师的教育行为就会发生相应的转变。

近几年来，朝阳区实验小学持续在探索减负的有效路径。学校尝试了很多有意思的课程，比如语文课上会开展影评课，还有影视的配音课，甚至包括一些听力的训练课。这些课程都是源自孩子们成长过程当中的一些规律。在听说读写四个技能中，听和说是一对技能，听是内化技能，说是外化技能。读和写是一对技能，书读得多的孩子，文章就能写得好。我问了学校很多语文老师，孩子作文好的是不是老师教出来的？其实书看得多的孩子，他的表达能力往往就更好。这就说明读是内化，然后写是外化。

在影评课上，电影《碟中谍》当中会讲很多城市，如西雅图、莫斯科等这些城市，老师就会提一些问题，这些城市分别在哪个国家？在这个国家的地位和作用是什么？孩子们就会查很多的资料，在学习的过程中，也会产生新的问题，由此也培养了学生的自主学习能力。在学习中，学生带着问题，带着思考，有时候可能会花很多时间，但是学生并不觉得累，也不会将这样的学习视作负担，而是乐在其中。

> 家庭教育小贴士

如何不让学习成为孩子的负担

1. "通则不痛",孩子学通了就不会觉得困难了。

2. 如果作业的针对性不强,就会导致孩子作业量多。

3. 在学习中,学生带着问题,带着思考,有时候可能会花很多时间,但是学生并不觉得累,也不会将这样的学习视作负担,而是乐在其中。

第五章　亲子导航

QINZI DAOHANG

第五章
亲子导航

如何处理与老人教育观念的分歧

现在很多家庭在教育孩子时，两代人往往存在分歧，有些家长觉得爷爷奶奶那一套教育方法不适用现在的孩子了，爷爷奶奶又觉得自己儿女的教育方法也不适用。总之，孩子的教育成了两代人存在很大争议的事，这样的分歧该如何处理呢？到底该以谁的方法为准呢？类似于这样的困惑，相信很多家庭都会碰到，如何积极面对和有效解决与老人教育观念的分歧，常常令两代人都感觉左右为难。

目前有一个客观的事实是年轻人离不开老人，年轻人白天上班，孩子需要老人帮助接送。年轻人第一次做父母，很多时候教育经验不足，老人相对年轻父母来说更有经验，毕竟现在的年轻父母小时候都是他们带大的，在带孩子这件事上，论经验，年轻父母肯定是比不了的。

但是随着时代的发展，孩子对世界的认知也需要通过各种不同的方式。老人的教育理念相对来说比较传统，采取过于传统的方式来教育孩子，可能会不利于孩子创造性思维与发散性思维的发展，所以年轻父母与老人也很容易产生教育观念的分歧。

第一，及时沟通，统一教育标准。作为年轻的父母来讲，遇到问题时，不要选择回避。有些年轻父母为了避免伤害老人的感情，一味地回避问题。殊不知，尽管是有血缘关系的父子、母子关系，矛盾积累到一定程度的时候也会爆发，双方情感也会因此受到冲击。

首先，年轻的爸爸妈妈跟老人及时沟通，敞开心扉，也要顾及老人的感受，体谅老人的心情。很多年轻家长直接剥夺了老人教育子女的权利,会让老人非常难过。老人希望孙子孙女茁壮成长,爸爸妈妈也希望孩子能够成人成才。一家人的教育的最终目的都是为了促进孩子的发展,长远目标都是一致的,只是各自的方式方法不同,这个时候沟通与协商是非常有必要的。

其次,年轻父母与老人统一标准。双方要避免语言冲突,要互相理解,经常沟通,统一对孩子的教育理念和方向,对孩子的要求,都要保持一致性。年轻人要学习怎样做好合格的爸爸妈妈。做好合格的爸爸妈妈是要经过努力的,教育观念、教育能力都要经过学习才能改变。可以在交流的过程中向老人寻求一些育儿的经验,老人有时候会固守一些传统的育儿理念,只要不是严重的观念问题,年轻人可以去尝试、感受一下老人的育儿方法。在运用的过程中,慢慢地和老人说明道理,改变老人存在的一些错误教育观念。

第二,学会尊重理解老人。为什么年轻的父母会与老人之间产生教育理念的冲突,爷爷奶奶为什么会溺爱孩子?首先,是因为老人到了六七十岁的年龄,人生已经走过一大半的历程了,其实回过头来再看孩子的成长历程时,可能觉得不必在孩子的某一个细节上过于关注。相比而言,年轻人的心态不太一样,会非常关注孩子的每一个教育细节。其次,是因为无论老人多爱这个孩子,他对隔辈人那种责任都没有父母对孩子的责任那么重。老人的责任可能更多的是关注孩子的冷暖、温饱,跟着孩子一起玩耍,让孩子健康快乐成长。所以老人和父母责任的角度不一样,也容易产生彼此之间的不理解。

另外,老人在带孩子的过程中,基本上都到了50多岁、60多岁,甚至是70多岁的年龄,状态已经没有年轻时那么好了。年龄越大的时候,老人只能关注到自己心里想的那一件事了,做事情的时候思考得没有那么全面。因此,有的时候老人带孩子,有些问题以及后果没有考虑得那么全面,这些因素可能都会导致老人和年轻的父母产生矛盾。老人帮忙带孩子也是非常辛苦的一件事，老人不像年轻人有活力，很多老人自己身体不好，还要咬牙坚持。因此，对于年轻的爸爸妈妈来讲，还是要给予老人充分的理解和尊重。

第三，避免与老人发生正面冲突。如果真的面临双方教育意见不一致的情况，有的老人脾气较为急躁，很多时候可能没有控制住自己情绪，当遇到教育观念不一致的情况时很有可能在情急之下大发脾气。这时年轻家长应该注意避免和老人发生正面冲突，可以采取冷处理的方式，不要与老人大吵大闹。父母做的每一件事都会成为孩子的模仿对象，如果平时不注意，跟老人之间起正面冲突了，将来孩子宣泄情绪的时候，也会模仿父母的行为，可能会直接跟父母起冲突。

父母不要给孩子树立负面的榜样，尽可能冷处理，跟老人心平气和地进行沟通和交流。等双方情绪稳定以后，要把孩子叫到双方面前，向孩子讲明道理：有的时候在家里面闹矛盾也是很正常的现象，但是通过跟爷爷奶奶沟通和交流就可以很好地解决矛盾，所以以后家里面有什么矛盾或者跟小伙伴之间有什么矛盾，要通过语言的交流去解决问题。

父母将孩子带到这个世界上，不仅要给予他温暖和关爱，更重要的是培养孩子良好的品格。老人的教育观念也许是落后的，但是他们爱孩子的初心和父母们都是一样的。教育孩子是一个全家总动员的过程，一个和睦的家庭环境，是孩子健康成长的必要条件。所以当发生教育孩子意见不合的情况时，年轻父母们需要运用高情商来化解两辈人的矛盾，这样才能在教育好孩子的同时维持家庭的和谐。

家庭教育小贴士

如何处理与老人教育观念的分歧

1. 及时沟通，统一教育标准。
2. 学会尊重理解老人。
3. 避免与老人发生正面冲突。

第五章
亲子导航

单亲家庭，如何教育孩子

随着经济社会的发展，人们的婚姻观、家庭观也逐渐发生了变化，导致单亲孩子越来越多。单亲家庭孩子的内心往往和正常家庭孩子不同。单亲家庭孩子在成长过程中，可能会产生自卑感、缺乏自信。在学校中，这类孩子参加活动时，害怕或者容易受到周围人的歧视与欺负，也会引发诸多问题。

当然也有一部分单亲家庭的孩子，由于过于早熟，在学校表现非常优秀，学习成绩也很好。虽然在外在方面与平常孩子没有什么差异，但还是要关注单亲家庭孩子的心理健康问题。作为家长更应该多关注孩子的心理和行为的变化，多去疏导孩子。

父母离婚后要重新创造一个适合孩子成长的环境，确实相当困难。如果离婚之后父母双方又复婚了，对孩子的影响会稍微小一些，但是这种情况比较少见。父母离婚后一般有两种情况：一种情况是离婚后再结婚，父母将来可能会各自组建自己的家庭。新组建后的家庭成员关系复杂，生父、生母、继父、继母，甚至还有同父异母、同母异父的兄弟姐妹，使孩子的成长环境变得复杂起来，会在心理发展上出现障碍。

另一种情况是不再婚者，常常为孩子的归属发生争执，要么爸爸带着孩子过，要么妈妈带着孩子过，也有一种情况就是爸爸妈妈都不带孩子，爷爷奶奶或姥姥姥爷看管，这些情况都是有的。甚至有些家庭中家族亲戚会介入，不惜拿孩子当作斗争的工具，因而不易建立良好的单亲教养家庭环境。单亲家庭里，如何教育好孩子呢？

首先，家长做好榜样，树立正确的人生观。托尔斯泰说过："全部教育,或者说千分之九百九十九的教育都归结到榜样上,归结到父母自己生活的端正和完善上。"父母是孩子的第一任老师,往往父母的行为会影响孩子内心的变化,如果父母能很好地从婚姻阴影中走出来,能给孩子树立一个坚强、自信的榜样,更有利于孩子的健康成长。

一家三口在一起生活有可能会很幸福,两个人在一起的时候,只要调整好心态,其实也可以把生活过得幸福。当家长坚强、乐观地去面对离婚这件事的时候,对生活的状态就会改变。很多妈妈带着孩子的时候是力不从心的,最容易产生各种心理问题,这个时候就需要及时调整心理状态。

我有一个朋友,她和丈夫离婚之后,一直是自己带着孩子。有一次来接孩子放学,恰逢下雨,就需要背着孩子。她的儿子有点胖,她背起孩子的时候没站稳,刚起身就一下子坐在雨里边了。那一刹那她一下子有点崩溃,觉得以自己的能力照顾孩子有些力不从心,很多委屈一瞬间涌上心头,所以当着孩子的面就哭了起来。

后来她找我诉苦的时候说:"我的家庭支离破碎,已经不完整了,人生也不完美了,我心里非常难过,怎么才能够快乐起来呢?"我告诉她首先需要调整好自己的心理状态,目前这种不健康的心理状态,会在潜移默化中传递到孩子身上,孩子很难健康、快乐成长。家长要坚信两个人也可以过得很幸福,只有当家长坚信未来生活会很美好的时候,才能积极面对人生,为孩子树立一个坚强的榜样。

婚姻本身带来的不幸福,实际上已经是多了一份烦恼。在这个基础之上,教育孩子乐观面对生活就更需要家长豁达地面对人生。大人自己要对未来的生活充满信心,才能更好地鼓励孩子。当妈妈带着孩子生活时,不能简单地说你爸爸人不好,说一堆破坏父亲形象的话语,让孩子从小种下一粒埋怨的种子,从小记恨父亲。日常的埋怨只会让生活更加烦闷惆怅,还会为孩子埋下仇恨的种子,不利于孩子心灵的健康成长,

第五章
亲子导航

更不利于孩子健全人格的养成。

对孩子的教育是一种智慧,也是生活给家长的一个考验,不要感叹命运的不公,而是要积极地去面对困难。埋怨和抱怨的话语,只能发泄一时的不满,却不能从根本上解决问题,还会把很多负面的信息传递给孩子,甚至可能会影响将来孩子的婚姻生活。所以家长自己面对的境遇有多糟糕,无论遇到多大的困境,都应该以一个更积极的状态去面对生活,为孩子树立良好的榜样。

其次,父母双方都需要多陪伴孩子。虽然离异,但是父母双方都对孩子有抚养的义务和责任,不要因为感情问题与对方不相往来,这样往往会剥夺一方做父母的权利,也不利于孩子的健康发展。

例如,学校里有一对离异夫妇就做得很好,每次学校组织一些游学活动或孩子参加集体活动的时候,妈妈都会提前给孩子爸爸打电话,告诉他孩子要参加的活动时间以及地点,邀请孩子爸爸一起参加。所以,每次活动这对离异的夫妻都会一起出现,有的时候爸爸还会给孩子带来一些小礼物,给孩子惊喜。其实孩子看到这样的场景,以及父母这样的一种状态的时候,孩子内心实际上是备受鼓舞的。他能够逐渐明白虽然父母因为一些事情不能够继续一起生活,但是爸爸妈妈都是爱自己的,自己在本质上跟别的孩子没有区别。

对于离异的夫妻来说,如果这一生中没有缘分继续互相陪伴,那么就尽可能减少离婚给孩子带来的伤害,毕竟孩子是无辜的。双方离婚后争取能成为朋友,有时间可以一起带孩子出去游玩,让孩子体会家庭的温暖和温馨,这种朋友的关系也会给孩子的成长带来积极的因素。

最后,注意孩子心理和行为变化,帮助孩子及时疏导负面情绪。由于缺少父爱或者母爱的滋养,对于孩子来讲,无论是心理健康还是整体的成长多多少少还是有缺失的。单亲的孩子一般比较内向,常常害怕被别人欺负和看不起,有什么事情总是放在自己心里不愿意向别人吐露,并且在家中会感觉比较压抑。由于得不到父母双方同样的爱护，往往内心比较自卑或者出现叛逆行为。

作为单亲家长应该在工作之余，多抽出时间陪陪孩子，多去关注孩子内心的想法和心理变化；多与孩子沟通去了解孩子，从而能够更好地帮助孩子疏导情绪，鼓励孩子慢慢学会坚强；多出去散散心，让孩子更多体验外面的风景和氛围，引导孩子积极面对生活，保持乐观向上的生活态度。

其实，单亲家庭的孩子能否形成健全健康的人格，很大程度上由周边环境来决定，良好的教育和熏陶同样可以塑造出色的人才。只要学校、家庭以及社会三方面形成教育合力，多给单亲家庭的孩子以温暖和帮助，单亲家庭会和双亲家庭一样温暖，单翼天使一样可以茁壮成长！

家庭教育小贴士

单亲家庭，如何教育孩子

1. 家长做好榜样，树立正确人生观。
2. 父母双方尽可能多陪伴孩子。
3. 帮助孩子及时疏导负面情绪。

第五章
亲子导航

孩子的教育到底谁负责

谁是教育孩子的第一责任人？到底是家长，还是老师呢？有些家长认为，不能把本该属于学校的责任和义务全部推脱、推卸给家庭。还有一些家长认为，孩子既然上了学，于情于理，教育问题都应由学校老师全盘负责。

其实再负责任的老师，也需要家长的配合。教育孩子，家长离不开老师，老师也离不开家长，单靠一方的力量，很难将孩子培养成为一个优秀的人。只有在家长和老师的共同努力下，密切配合，同心协力才能为孩子的成长提供一个良好的氛围，提供安全有序的学习环境，促进孩子的全面发展。

家长要客观地看待学校教育，学校教育是促进学生一般能力发展的教育，而不是精英教育。学校教育不是万能的，孩子能否成才，除了先天的遗传因素以外，主要还受到后天家庭环境、学校环境和社会环境等诸多因素的影响。

学校教育作为公共教育，解决的是普适性的、一般化的教育问题。无论是公立学校还是私立学校，教育的目标都是促进学生的发展。

学校教育的形式主要是班级授课制，班级授课制能够满足全体学生学习的需要。但是一个班级学生人数众多，而教师数量较少，很难兼顾到每一个孩子的发展，不可能把太多精力放在个别孩子的身上。

不同学生的心智发展水平不同，理解知识有快、有慢，对老师来说，如何针对不同水平的孩子进行有针对性的教育，是一个很高的要求。因材施教是解决班级授课制弊端的一种好方法，因材施教能够根据不同学生的发展水平差异进行有差别的教育。教师在备课过程中，需要有目的、有计划、有意识地根据不同学生发展水平的差异对知识点，进行分层教育。实际上对于老师来说，实施因材施教本身就是有难度的，需要耗费大量的时间，这样就很难完成整体的教学任务。

每个孩子都有其特殊性，家长只需要教育一两个孩子，有时候已感到非常困难，而一个老师面对三十五六个，甚至四十几个孩子，有的学校可能到五十几个孩子，他是很难做到因材施教、因人而异的，更难做到因势利导。家长要理解公共教育是解决普适性教育问题，是促进孩子一般能力发展的义务教育，不可能做到把每一个孩子送到学校里面来就能把孩子培养成为精英。如果对学校教育有一个比较准确的认知，家长心里的焦虑状态就会减轻，有些问题也能更好地跟老师磨合、沟通。

首先，家长跟教师要及时沟通。很多家长反馈，早上7点多钟就把孩子送到学校里面，在学校里面待8个小时，再接回家。一天当中半数时间孩子都在学校，学校里面孩子在做什么，家长根本不清楚，更别提来管理孩子了。其实只要跟老师沟通好，家长就能够对孩子在校的情况了如指掌。家长可以通过接送孩子的时间，及时了解孩子一天在校的学习状态，孩子有没有出现什么学习问题。

家长要积极主动地与老师沟通，很多时候老师没有主动找家长沟通是因为孩子身上没有出现教育问题。一般教师会针对问题孩子主动找家长进行集中沟通，所以家长要抓住沟通的契机，如果想让自己的孩子好上加好，就需要更加积极主动地沟通与交流。

家长在跟教师沟通时应该要有一个比较好的心态，有了比较好的心态和定位之后，就知道该怎么去跟老师进行交流和沟通，而不是因为各种各样的事情简单地推卸责任。有一些年轻的班主任没有太多的经验，或者有一些事情可能处理得并没有那么完美，很多时候可能也会让家长心里不舒服，这个时候可能就会产生矛盾。

第五章
亲子导航

其实再优秀的老师，也不可能让所有家长满意。家长与老师所站角度不同，难免会因为一些问题产生不一致的看法。但如果双方都能将心比心，换位思考，多一些宽容和理解，家长和老师在教育问题上的分歧，完全可以通过真诚沟通来解决。

其次，家长要积极配合老师。老师发现了孩子身上存在的问题，如果家长不配合老师一起帮助孩子纠正，就算老师做再多的口头教育，也收效甚微。老师课堂上讲过的知识，如果孩子在家不及时复习，不按要求完成作业，就得不到有效巩固。这个时候，老师就需要家长在家中督促孩子及时完成作业。

例如，老师在授课时有些孩子可能因为走神，没有听课、没有听明白知识点，导致成绩下滑。这个时候老师就要去寻找孩子走神的原因，在询问孩子后得知，是因为在家休息的时候睡得太晚了，才会导致在学校的时候状态不佳。那上课走神这件事就需要家长配合学校，督促孩子在家早点休息，这样第二天孩子在学校听课的时候才会状态满满。

但是跟家长反馈这个问题的时候，有些家长会拒绝配合，家长说我在外面，我怎么能知道他走神？孩子这个时候在学校，走神这事应该是老师管。有时候，学生上课走神这个问题要家庭和学校共同解决，不是因为那个时间段他在学校里面所以就要由学校来负责。家长教育孩子不要有这个想法："课堂上我也看不见，我孩子开小差当然是学校的问题。"那别人的孩子怎么不开小差，为什么只有你家的孩子开小差呢，需要家长反思。

老师找家长谈话的目的不是为了推卸责任，而是为了合作，共同改正孩子不好的习惯，能够让孩子在学校有更好的状态学习，所以家长应该配合老师共同促进孩子的发展。家长不管孩子的教育，不愿意配合老师，老师真的独木难支。只有家长认真配合好老师的工作，和老师各司其职，形成合力，才是真正对孩子负责。

家长与教师双方是互补关系，让孩子接受到较为完美的教育，家长和教师缺一不可，两者都是很重要的，不存在谁更重要一说。对于孩子来说最大的幸运，莫过于既拥有恪守职责、心中有爱的老师，又拥有以身作则、永不缺位的家长。只有家长与老师在教育过程中肩并肩，共同为孩子发展护航，孩子才能在人生的航程中越走越远！

家庭教育小贴士

孩子的教育到底谁负责

1. 家长跟教师要及时沟通。
2. 家长要积极配合老师。
3. 各司其职形成合力。

第五章
亲子导航

如何用智慧的语言教育孩子

家庭是孩子的第一所学校，家长是孩子的第一任老师，每一个孩子的成长首先得益于良好的家庭教育，孩子的品质很大程度上离不开家长的教育。用智慧的语言，去培养孩子良好的品格，是孩子成长与发展的基础。

家长应具备鼓励、赞美、认同、赏识自己孩子的能力，但是有些家长却很少用智慧的语言去鼓励孩子，也有一部分家长用批评、谩骂、指责、抱怨来一直打击孩子的自信心。

一个优秀的孩子，除了要有先天的遗传基因，与家长的后天良好的教育也是分不开的。家长在教育孩子过程中如何发挥语言的魅力，激励孩子成长，是一个值得探讨的话题。

家长希望自己的孩子成为什么样的孩子，或者成为什么样的人，就要往那个方向上去塑造孩子，通过放大孩子的优点逐渐去培养孩子的好习惯。

家长希望孩子兴趣多样，或者希望他爱看书，或者希望他有礼貌，其实这些都是一个引导的方向，家长一定要特别关注孩子的优势，发现孩子的闪光点，进而培养孩子更多的优点。

孩子在生活中可能会被家长潜移默化地影响，但是家长教育孩子的时候其实是带着很强大的目的性的。当然也有一些爸爸妈妈会在无意间打击到孩子。孩子非常认真地学习考了 98 分，有些家长一看到孩子的试卷，不仅没有表扬，反而是指责孩子，你们班某某考了满分，你为什么考不好，没有考满分？这道题上次不是错过一次了，怎么又做错了，怎么还会错？真是笨死了！类似的言语都会伤害到孩子的心灵，打击孩子的自信心，不利于孩子的长远发展。

语言具有引领和塑造的作用，是因为运用积极向上的语言激励孩子，会让孩子产生更多的自信心，会增强孩子的主动感，促进孩子多方面的发展。比如说，家长希望你的孩子应该对别人有礼貌，那么他叫了一声叔叔、阿姨，对于小孩来讲，这个事情本身可能并没有什么特殊，但是作为家长，要运用强化法激励孩子继续保持这种行为。

通过使用强化法，引导孩子形成讲礼貌的好习惯。最基本的礼貌孩子一开始都是可以做到的，但是要养成一个好的习惯需要逐渐的引导。家长要强化孩子的这种行为，要告诉孩子："今天小王叔叔给爸爸打电话，说你的女儿怎么那么有礼貌啊，特别主动，脸上带着微笑叫了一声叔叔。他觉得特别开心，特别喜欢你。"其实只是叫了一声叔叔阿姨，也许这声叔叔阿姨也没有那么大的反应，但是你要引导孩子形成好的习惯，就要夸大孩子在执行行为后的影响效果。

夸大的意思实际是给孩子一个方向，你面带着微笑，非常主动地去跟他人打招呼的时候，他人也会非常开心，这也是对他人的一种尊重。因此，周围的邻居可能会通过表扬以及表达喜欢等方式，进一步塑造这种行为。

下一次的时候，可能是在阿姨给孩子夹菜的时候，孩子非常自觉地说了一声"谢谢阿姨"。虽然是一句简单的谢谢，那位阿姨开心地说："你太棒了，比一般的小孩都要懂事有礼貌，一般小孩可能都不会说谢谢，但是你说了一句谢谢。"所以这个时候孩子就会因为别人的赞扬与鼓励更加愿意说话，等下一次遇到相同的事情的时候，孩子还会主动说谢谢。

孩子可能本身没有这些良好的习惯，但是这些都没关系。家长有很多的机会，有很多的场合去培养孩子的各种能力。家长要带着孩子接触

第五章
亲子导航

不同的人群，不断训练孩子的语言表达能力以及胆量。

但是家长也一定要注意，一定不要领着孩子说，今天注意啊，见着叔叔阿姨要有礼貌，要微笑，要握手……对孩子提出了很多硬性的要求，这样可能加大孩子的负担，也会让孩子对这个主动的过程逐渐失去兴趣。所以家长要给孩子自己发挥的空间，每一次孩子的行为之后，家长要重点强化孩子做得好的部分。孩子会逐渐在家长的塑造之下，获得更多的优秀品质。

"良言一句三冬暖，恶语伤人六月寒。"家长要做一个智慧的爸爸妈妈，首先要站在孩子的角度去想问题，然后同时要把自己智慧的大门打开，引领孩子成长。

家庭教育小贴士

如何用智慧的语言教育孩子

1. 用积极向上的语言激励孩子，会让孩子产生更多的自信心，会增强孩子的主动感，促进孩子多方面的发展。

2. 通过使用强化法，引导孩子形成讲礼貌的好习惯。

3. 家长要带着孩子接触不同的人群，不断训练孩子的语言表达能力以及胆量。

4. 站在孩子的角度去想问题，然后同时要把自己智慧的大门打开，引领孩子成长。

家庭暴力中成长的孩子，为什么会以暴制暴

很多家长问我，在有家庭暴力的家庭里成长的孩子，是不是也特别喜欢以暴制暴。其实，对于这个问题的回答，还是要具体问题具体分析。

大量的事实和数据表明，暴力本身具有传染性，在家庭暴力发生较多的家庭中长大的孩子，实施暴力的可能性更大，这不是由遗传导致的，而是因为后天的模仿。

究其原因，首先是因为孩子在成长的过程当中很多是模仿性的学习，周围环境对孩子的行为具有重要的影响。有的学生回家以后会告诉父母，在学校老师是如何要求他们学习的。很多父母反馈，孩子放学回家以后会像小老师一样，模仿老师说话的神情以及状态，这实际上就是一种无意识的模仿。

在小学阶段，孩子的可塑性很强，周围人的行为对于孩子的成长与发展具有重要的影响。如果家庭里面有暴力行为的存在，孩子也会在潜移默化中受影响。

如果根据孩子在学校里面的表现，追溯孩子出现问题的原因，会发现很多出现暴力行为的孩子中，其家长身上基本上也会存在暴力行为。家长要在孩子教育过程当中给予孩子正确的榜样示范，对孩子进行积极、正面、有说服力的引导，而不能用简单、粗暴的语言来教育孩子。暴力当中不仅有行为上的暴力，其实也有语言上的暴力。"良言一句三冬暖，恶语伤人六月寒。"有时候语言上的暴力对孩子的伤害甚至会更大。

父母之间发生一些矛盾和冲突的时候，家长不能通过暴力以及争吵

第五章
亲子导航

来解决问题，而是需要理性地处理问题。两个人在一起生活实际上是一个磨合的过程，免不了出现各种冲突，家长要尽可能不以比较极端的形式解决问题。另外，即便是夫妻双方因为一些不可避免的问题产生了意见分歧，也应尽可能不要在孩子在场时吵架。不要让孩子觉得父母之间有很多的矛盾。孩子在潜移默化中会模仿学习父母的行为，也会增加孩子自身的暴力行为。

暴力行为一旦形成，再去帮助孩子改正暴力问题比较困难，假如下定决心要去改变孩子的这种行为，需要家长花费很多的心思。但是只要家长愿意面对问题，能够耐心跟孩子讲道理，孩子会逐渐改变自己的暴力行为。

我身边就有一个朋友，她处理孩子与同伴之间暴力问题的方式就非常巧妙。在朋友女儿两三岁的时候，她们在游乐场游玩，她的女儿被一个年龄稍微大一点的女孩抢走了手中的玩具，抢完之后这个女孩还故意狠狠地推了朋友女儿一下，朋友女儿当时就摔倒在地，疼得哇哇大哭。

在那个时候，看着自己的孩子被平白无故地欺负，任何一个父母心里都会不开心。但是这个朋友就非常客观地处理了这件事，她看到女儿哭得特别伤心，并没有直接去找推她的女孩讲理，而是趁机教育自己的女儿并问道："被大姐姐欺负的感觉怎么样？难过不难过？"孩子边哭边说："难过。"朋友继续说："欺负别人会让别人难过，那你以后永远不要欺负比你自己弱小的人。"女孩似懂非懂地点了点头。

朋友对她女儿的教育方式就是换位思考，宽容理解他人，希望孩子能够站在他人的立场上思考问题，不主张用暴力来解决争端。在这样的教育环境下，孩子会产生良好的价值观，同时也会提高她的情商以及为人处世的能力，并进一步促进德智体美劳各个方面能力的全面有序发展。后来这个孩子在学校里面各方面表现都特别优秀，不仅成绩名列前茅，人缘也特别好，周围的老师、同学，甚至很多的家长都特别喜欢她。

像我朋友这种家长的教育方式是一种非常成功的教育方式，当然也有很多家长面对暴力问题时主张以其人之道还治其人之身，别人打了你欺负了你，就教育孩子再用暴力的方式打回去。很多家长的这种教育理念确实让人担忧，家长不能教育孩子以暴力的方式解决问题，更不要给孩子做这种不好的示范。暴力不是一种公正地处理人际关系的方法，我们应该以理性的方式、平和的心态表达自己的不同意见。

在孩子成长的过程中，父母起着重要的榜样示范作用，家庭作为孩子启蒙教育的发源地，对孩子的未来发展有着重要的作用。孩子在家庭里面与父母待的时间更久，受到父母耳濡目染的影响更大，更容易习得父母的品质。有的时候夫妻吵架，双方发泄完情绪以后心情舒畅了，但是吵架场景被孩子无意间看到了，就会在无形之中对孩子身心发展造成影响。长此以往，家长之间出现的冲突、打骂、冷暴力就会对孩子有很大的影响，暴力也逐渐会成为孩子为人处世的一种方式。

现实生活中，人们不会喜欢暴力的为人处世方式，人们更喜欢比较和善、善意的处事方式。所以也希望家长在这个问题上要给予特别的重视，学会以身作则。在暴力问题上，家长应该"不独亲其亲，不独子其子"。孩子之间的矛盾永远都存在，这是儿童世界的自然规律，也是成长过程中避免不了的，成人如果强加干预，肯定是不恰当的。

在面对问题时，家长要心平气和地交流协商，不能以暴制暴，给孩子造成不好的示范。小孩子心智不成熟，在出现问题时需要家长正确教导与开导，是非判断还需家长的指导。如果害怕自己的孩子受到欺侮，要以牙还牙，不仅对孩子今后的成长不利，还会助长孩子的报复心理，严重的可能会造成社会危害。

家庭教育小贴士

家庭暴力中成长的孩子，为什么会以暴制暴

1. 要树立良好的榜样作用，以身作则。
2. 以理性的方式、平和的心态表达自己的不同意见。
3. 换位思考，宽容理解他人。

家长学历对孩子有影响吗

家长的学历高低与孩子教育的好坏有关系吗？总体来说，家长的学历提高是整个社会进步的表现。但两者之间是否有必然联系呢？

一个人可以不上学，可是绝对不能不学习。学历从来不会代表一个人的成就，也不能代表低学历的父母对孩子的教育就差人一等，低学历的父母一样可以把孩子教育得很好。比如说，像我们这一代孩子的爸爸妈妈，结婚的时候有很多甚至都是文盲，学历基本上都是小学，初中和高中学历就已经算高学历了。但是那个时候也培养出来很多的人才，为社会作出了很多贡献，证明当时的家庭教育中，虽然父母的学历低，但是教育方向还是非常正确的。

目前也有很多的家长有很高的学历，像硕士研究生、博士研究生等，但是他们培养的孩子不一定能够超越父母。学校有一位家长在把孩子送到学校的时候跟我说："陈校长您放心，我们家孩子其他方面可能会出现问题，但是我和我爱人都是博士，孩子的基因肯定没问题，不会给朝阳实验小学丢脸的。"我当时听了后就觉得有点哭笑不得，夫妻学历都非常高，培养的孩子一定会优秀吗？

学历是一个人能力的参照，它标志着曾经的学习历程和拥有的相对知识量。因此，现实工作中有人认为学历高的能力就强，学历低的能力就差。但事实证明，学历与能力有相对性和差距性。对于孩子的教育的好坏问题，跟家长的学历是否高，关联度不大。

孩子教育得好、坏主要取决于家长的教育内容、教育观念、教育方法是否得当，以及家长是否对孩子有一个持续的跟进教育。从这几年对

第五章
亲子导航

孩子的观察来看，学校调查了部分"问题孩子"家长的学历，发现部分"问题孩子"的家长的学历也很高，但是他们培养出来的孩子也存在学习成绩差、上课调皮捣蛋等诸多问题。为什么家长的学历以及受教育水平这么高，他们培养的孩子还会成为问题儿童呢？

其实当时我也觉得挺困惑的，后来跟一位家长沟通过程中，我发现了其中的原因。这个家庭中父母二人都是毕业于名校，但是他们的孩子在学习到了一定程度的时候，内心就比较焦虑、不安，接着就会出现发脾气、摔东西的这种现象。

后来我找孩子父母谈话，问孩子妈妈："什么情况下这孩子容易出现发脾气这种问题？"他妈妈说："让孩子写字的时候就容易发脾气。比如，要求他写10个字，写到第4个字，可能就开始控制不住情绪了。在这种情况下，我就让他写7个。"

我说："既然是一写字这孩子就开始焦虑，忍不住发脾气，为什么还要让他接着写？为什么不让孩子先放松一下呢？"家长继续说："那不行，我们的孩子学习必须得好，必须让他坚持练习。"接着家长向我介绍了自己是毕业于哪个高校，他爸爸是哪个高校毕业的。通过介绍得知他们夫妻二人都是数一数二的知名大学的优秀毕业生，甚至当年在当地都是高考状元。

正是因为父母的这种优秀，让父母对孩子的期望值会更高，不允许自己的孩子不优秀，相对来说给孩子的压力也会更大，绝对不允许自己的孩子在学习上有任何的失误。他们希望自己的孩子每个阶段、每个点上都保持最好的状态，这样孩子的压力会比普通孩子要大，需要牺牲很多玩耍的时间来学习。久而久之，学习这件事就会让孩子变得非常痛苦、非常焦虑。

高强度的教育环境往往会出现两种情况。一种就是比较极端的情况，孩子就出问题了。由于压力太大，总有一天孩子的心理会承受不住，总有一天孩子的情绪会崩溃，身心健康就会出现问题。另一种情况是高学历的家长，他整个家庭受教育程度高，孩子的智力水平以及学习能力非常强，能够培养出一个更加优秀的学生。

在孩子发展的过程中，家长要注意以下几点。

首先，要抓家风，注重家庭教育。家风的形成，实际上是一个家庭文化的形成，家长到底希望自己的孩子未来要成为什么样的人？是不是孩子今天在学校受到老师表扬、明天考100分就是你的目标。实际上家长应该树立远大的发展目标，注重孩子人格、品德的养成教育。家庭的家风，一个家庭文化的形成，对于孩子的长远发展具有重要的意义，急功近利的家长觉得自己非常优秀，必须让孩子更加优秀的这种理念很有可能会适得其反。

其次，树立良好的榜样，培养孩子良好的习惯。无论父母是什么学历，家长作为孩子的第一任老师，都要树立良好的榜样，有意识地培养孩子良好的学习习惯。古语云："养不教，父之过；教不严，师之惰。"家长的素质对于孩子的发展有重要的影响，单单学历的高低并不直接影响教育孩子。孩子从小到大，家长的一举一动、一言一行都对其性格、品德的发展形成起着潜移默化的作用。而良好行为习惯是孩子教养的重要一环，家长要培养孩子的各种良好习惯。所以家长要树立积极的人生观，注重自己的言行，以身作则，从自身的行为习惯做起，养成爱读书、爱学习的好习惯，营造良好的家庭学习氛围。

无论父母是什么学历，作为孩子的启蒙教师，对孩子的言传身教才是对孩子最大的影响。单单学历的高低并不影响家长教育孩子，但家长的言行举止对孩子性格、品德的发展形成起着潜移默化的作用。所以家长要做到的是，无论自己学历高低都要有高尚的品德，有积极的人生观，只有这样才能培养出一个优秀的孩子。

家庭教育小贴士

家长学历对孩子有影响吗

1. 要抓家风，注重家庭教育。
2. 树立良好的榜样，培养孩子良好的习惯。
3. 营造轻松愉悦的学习环境。

如何缓解亲子的紧张关系

家长在教育孩子过程中避免不了对孩子进行苛刻的批评，甚至严厉的指责。但是批评和指责有时候会增加亲子关系的紧张程度，加剧亲子之间的冲突，那么我们应该怎么处理这种紧张的关系呢？

批评行为本身不一定能造成紧张的亲子关系，但是批评孩子的方式与态度可能会让孩子害怕，使双方关系变得紧张。随着家长声音的变大，甚至有的时候家长歇斯底里、暴跳如雷，会让孩子无法接受家长的情绪。如何缓解亲子的紧张关系呢？

第一，家长要冷静地去面对孩子身上出现的问题，妥善地解决问题，起到树立榜样作用。家长要转变教育方式，做一个比较冷静的家长，只有家长在遇事的时候沉着冷静，才能成为孩子的榜样，在潜移默化中教育孩子。

有的时候我们会在学校里面观察孩子在学校遇事时的一些表现，会发现不同孩子的表现与孩子在家中受到的家庭教育是密不可分的。

每个孩子都带着自己家庭的气息，有的孩子不会控制自己的情绪，要哭的时候就不停地哭，谁哄也没用。有些孩子想干什么的时候就干什么，不想做什么的时候坚决不做，现在这种情况是越来越多。

这跟家长平时与孩子的交流是有关系的。所谓的关系紧张，实际上是爸爸妈妈和孩子之间，融洽的亲子关系变得不再融洽，不再和谐，甚至有时候可能会产生冲突。作为家长，都希望有一个融洽的家庭氛围，希望孩子能够认真听取家长的教导。

但是很多时候随着家长声音的变大，面色变得焦虑甚至狂躁的时候，

第五章
亲子导航

孩子的情绪就会紧张，孩子的注意力就不在语言上了，可能就在家长的情绪上了，他的紧张不是对于家长教育内容的紧张，而是对于教育状态的紧张。爸爸妈妈要想跟孩子有一个比较好的、融洽的关系，还是要冷静地去面对孩子身上出现的问题，妥善地解决问题。

第二，不要给孩子过多的信息量。比如孩子做一件事做得不太好，然后爸爸过来说一通，妈妈过来说一通，爷爷奶奶再过来说一通。不同的人都在说他，每个人的说话方式以及教育方法也不太一样，就会让孩子产生一种认知焦虑，不知道最后应该听谁的。最终不仅教育效果不好，还有可能会让孩子产生逆反心理。

第三，家长要转变教育理念，学习正确的沟通方法，要让自己的教育方式能够以理服人，而不是以威严服人。其实在家庭教育中，产生这些问题的主要原因就是家长缺乏正确的沟通方法，家长需要转变这种教育理念，父亲或母亲其中一个人，要学会以比较好的方式跟孩子沟通，沟通的内容要让孩子能够听进去，要让孩子抓住重点，这一点很重要。

并不是加大音量，面目狰狞的教育方式才能让孩子改掉缺点。家长用怒吼的方式跟孩子沟通，他看似害怕了，但是你说的事他可能一件也没记住，只记住了你愤怒的情绪。问题的根本没有解决，下一次可能还会出现同样的问题。

第四，家长要转变教育方法，学会循循善诱，了解孩子更多的信息。很多事情要让孩子主动地跟爸爸妈妈沟通，虽然这很困难，但这就是家庭教育的艺术。其实父母都希望能够了解孩子在学校的日常，孩子今天在学校吃了什么、喝了什么，今天开心不开心。但有的时候你问孩子今天怎么样，他说挺好的，就没有下一句了，实际上你是特别希望能够知道他在班里边的具体情况，希望了解一些孩子内心的真正的想法。例如，数学课孩子表现怎么样？美术课怎么样啊？今天中午吃得怎么样啊？跟同学小伙伴关系怎么样？其实在父母的心里也是有很多想要了解的事情，但是对于孩子来讲，他说没有什么啊，挺好的。具体你让他说的时候，他真的觉得也就是挺好的，没什么可说的，所以这个时候，父母跟孩子交流的过程当中想知道什么，可以问具体些，比如说妈妈特别想知道你今天吃得饱不饱，今天吃得高兴不高兴？那他可能就具体说，妈妈，今天主食吃的什么，菜吃的什么，肉吃的什么，什么东西我很喜欢吃，有一个什么东西我可能就不太喜欢吃。这样双方交流的内容就丰富了，家长获得的信息也就更多了。

其实就跟语文老师教作文一样，你要说一句话，就得把这个话说具体，比如说天气晴朗，怎么说具体了？你要描写蓝天、白云、灿烂的阳光……你跟孩子沟通的时候也是这样的，引导他把话说具体，这样慢慢地你得到的信息量会很多。有些时候孩子跟你分享在校的状态，他自身并没有觉得有什么问题，但是实际上你在这些信息的背后能够获得很多深入的信息，发现孩子说的这件事其实做错了或者孩子处理问题的这种方式不对。

知道孩子做错事的情况下，不要立马对着孩子大声吼骂，这种状态下，家长要多引导孩子，不一定非得说孩子"你今天作业没写，到底是怎么回事啊"，这样突然紧张的交谈状态，会让孩子在下次交流时刻意隐瞒。

第五，抓住教育的契机，因势利导，理性沟通，帮助孩子解决问题。很多时候父母要运用教育智慧去捕捉教育孩子的契机，引导孩子学会处理在成长过程中遇到的一些问题，因势利导地帮助孩子解决问题。当孩子跟班里小朋友闹矛盾的时候，家长可以循循善诱地教育孩子："这件事，如果你要这样跟小朋友处理是不是更好了？"孩子说："嗯，那看来我跟他今天这种态度就不太合适。"

孩子在这种交流中就会逐渐反思自己的行为，主动改善自己为人处世的方式。家长可以进一步引导孩子解决问题："今天我们正好去书店买

第五章
亲子导航

了新书,明天你跟小朋友一起去读这本书,你邀请他,是不是这个矛盾就可以趁机化解了,你可以试试。"第二天上学孩子可能就会按照你的方法去跟同学缓解关系了。

等孩子再次回家以后也要继续关注事件的发展进度,孩子有没有顺利地跟自己的朋友和好,但是一定要注意自己引导的方式,避免给孩子带来心理压力。给孩子施加压力,就会加剧孩子的紧张情绪。所以需要家长采用潜移默化的方式,对孩子循循善诱,逐渐改变孩子身上出现的一些问题。

俗话说"家和万事兴"。和谐的亲子关系会让孩子性格更加自信、更加阳光!父母要坚信,孩子无论多大,都是深爱父母的,他们的行为疏远并不等同于情感冷漠。家长要抓住教育的契机,理性沟通,多倾听、少指责,陪伴孩子一起实现更好的发展。

家庭教育小贴士

如何缓解亲子的紧张关系

1. 家长要冷静地去面对孩子身上出现的问题,妥善地解决问题,树立榜样作用。

2. 家长要转变教育理念,学习正确的沟通方法,要让自己的教育方式能够以理服人,而不是以威严服人。

3. 抓住教育的契机,因势利导,理性沟通,帮助孩子解决问题。

如何平衡孩子教育中的宠爱与严厉

很多家长都有这样的困惑：在教养孩子的过程中，如何把握宠爱与严厉之间的度？对孩子是严厉一些好呢，还是要对孩子多一点宠爱呢？

父母掌握着孩子教育的主导权，因此在面对很多事情的时候，父母对孩子未来发展的影响是非常大的，所以父母对孩子的教育态度与孩子的未来发展也休戚相关。

父母的教育方式需要结合孩子的特点，因材施教。因为每个孩子的情况不一样，每个家庭的情况不一样，遇到原则性的问题时必须要严厉。例如，有些孩子身上发生的问题比较严重，需要让孩子意识到自己的行为是错误的，比如说孩子说谎的行为、孩子偷拿别人东西的行为等，这时候父母必须要严厉。

当然类似这样的事情不能一棍子打死，孩子"偷拿"东西了，孩子说谎话了，不要用"自己孩子就是个小偷，就是个骗子"这样刺激的语言给孩子定性。发生这种情况时，需要父母的引导，父母需要告诉孩子这么做是不对的。这种类型的问题与孩子今天把碗打翻了，汤洒了一桌子，弄得家里边有一点乱等情况，肯定是不一样的，这是不同性质的问题。所以在孩子成长当中有一些我们比较关注的问题，类似刚才举的例子，孩子身上出现的问题如果性质严重，父母确实要对孩子严厉一些，让孩子知道问题的严重性。但是也不能劈头盖脸地就给孩子来一通辱骂，孩子都不知道到底是因为什么被批评。很多孩子被批评了只是简单地以为："爸爸今天不开心了，妈妈今天不开心了，将脾气发泄到我的身上。"这种批评也是非常不好的行为。

第五章
亲子导航

总体而言，孩子是需要鼓励的，如果父母总是严厉要求孩子，孩子的心理会产生压抑，会有压力，很多事情就不愿意与父母交流。所以更多的时候需要家长在孩子的发展过程中，不断地去激励、鼓励孩子。例如，告诉孩子："你今天做得已经比昨天好很多了，明天我们再一起加油，过一段时间你再和一周之前相比，你一定会有更大的进步。"

家长需要给孩子鼓励和动力，但是这种鼓励一定是具体的，而不是空泛的。很多的家长也会夸，也会批评，但是夸孩子的时候，孩子也没觉得自己的表现有这么好；批评孩子的时候，孩子也没觉得自己的错误有多严重。家长甚至感觉，夸奖和批评似乎对孩子都不太奏效，这就显得孩子有点"油盐不进"了。为什么孩子会产生这种状态？这是因为父母在夸孩子的时候不够具体，比如孩子学习这件事情，今天比昨天字写得工整，工整这个词孩子是知道的，你不要说："今天写得比昨天好点了。"到底好在哪儿了？鼓励的时候可以再具体一点，今天写得比昨天更整齐了，也许并不一定每个词都写正确，但是写得整齐了，这个就是很具体的表扬。再比如说表扬孩子字写得又正确又整齐，这又是一个新的高度。家长对孩子的鼓励一定是很具体的，这样让孩子知道为什么能得到妈妈的表扬，也能让孩子从内心感觉到父母的表扬是发自内心的。

当然，有时候家长也是要适当宠爱孩子的。孩子在一个健康的家庭里，他是幸福的，被宠爱是一种幸福。但是什么样的事情可以宠爱，什么样的事情不能宠爱，父母要有一个衡量的基准。

总体来看，教育孩子需要恰到好处，太严厉会让孩子对父母产生畏惧与隔阂，缺少原则的宠爱也可能会让孩子缺少规则意识。要恰到好处地与孩子相处和交流，善于向他们表达爱意。既严格又慈爱，对孩子既有正确的引导，教他们控制自己的欲望，也能帮孩子发掘自己的潜力，激发孩子的潜能。

家庭教育小贴士

如何平衡孩子教育中的宠爱与严厉

1. 遇到原则性的问题时必须要严厉。

2. 家长需要给孩子鼓励和动力,但是这种鼓励一定是具体的,而不是空泛的。

3. 太严厉会让孩子对父母产生畏惧与隔阂,缺少原则的宠爱也可能会让孩子缺少规则意识。

4. 既严格又慈爱,对孩子既有正确的引导,教他们控制自己的欲望,也能帮孩子发掘自己的潜力,激发孩子的潜能。

第五章
亲子导航

家校沟通矛盾如何解决

苏联教育家苏霍姆林斯基说:"没有家庭教育的学校教育和没有学校教育的家庭教育,都不可能完成培养人这样一个极其细微的任务。教育的效果取决于学校、家庭的一致性。没有这种一致性,学校的教学和教育就会像纸做的房子一样塌下来。"教育成功的关键就在于家长与学校的共同努力,但是由于家庭与学校两大主体系统在教育过程中受到了双方不同文化背景、价值观念以及心理状态的影响,容易在学生的教育沟通上产生矛盾。

家校沟通产生矛盾原因之一在于家长跟教师教育理念的冲突。家长在学校中接触的对象非常广泛,班主任、科任老师、学校里面的中层干部以及校长等,但是跟家长接触最多的就是班主任了。很多时候,由于家长不同的教育背景以及不同的教育理念,会导致家长跟班主任之间的教育理念存在冲突,这个时候就容易出现矛盾。

从教师的角度来看,教师对家长所提出的教育要求最终目的也是为了孩子,希望孩子在家能够养成良好的学习习惯,提高学习成绩,提升自身良好的素质。相对而言教师对孩子所提出的要求是根据孩子身心发展规律特点来提出的,相对比较客观。

有些家庭中不只有一个孩子,有些家庭甚至有三个孩子。对于老大的关注可能就会稍微少一些,很多时候家长没有时间管理和教育孩子,也很难发现孩子身上出现的问题。也有一些家庭虽然只有一个孩子,家长在管理孩子的时候很少跟其他的孩子进行比较,也很难发现自己孩子身上存在的缺点。

但是在学校中，孩子从早餐开始，到上课、午餐，然后到下午的上课、放学这一段时间，一举一动都会被老师看在眼中。老师跟孩子相处得比较多，更容易发现孩子的一些坏习惯。在家庭当中暴露不出来的问题，在学校当中，老师可能一眼就能发现，教师也能够及时帮助孩子改正缺点。

家校沟通产生矛盾原因之二在于家长跟教师缺乏理解与沟通。现在有很多的家长是"80后""90后"。很多的老师也很年轻，也是"80后""90后"。由于"80后""90后"这一代人大多属于独生子女，思考问题可能容易从自己的角度出发，不能够很好地换位思考，所以也容易产生矛盾。

有时家长会认为老师这个问题是针对他们家孩子，心里就会想得比较复杂。一方面家长希望老师能够多关注孩子在学校的学习情况，对孩子多一些关爱；另一方面，家长却不希望老师在关注孩子的时候指出孩子的缺点。

当老师跟家长交流孩子在学校的情况时，经常会指出孩子的一些问题，第一次指出问题的时候，家长心情还可能会好一点，比较心平气和，但是跟家长反馈的次数多了以后，家长的心情就会比较烦躁，内心也会困惑："老师怎么老说我们家孩子呀？两个孩子之间发生矛盾，怎么就偏偏要说我的孩子？是不是在针对我们家孩子？"家长就会觉得老师的做法不公平了，实际上这个时候，需要家长跟老师沟通，及时化解误会。

家校沟通产生矛盾原因之三在于家长跟教师管理规模不同，认知存在差异。通常教师在学校里要管的孩子很多，而家长在家管理孩子的数量少，这就形成了管理对象的巨大差异。老师主要管总体。老师要面对几十个孩子，有一些特殊的孩子老师很难管理，根本听不进去老师的管教。假如老师课上遇到这种问题孩子，需要一边讲课一边管理问题孩子，有的时候处理起来就非常棘手，可能批评的言语就会重一些。

第五章
亲子导航

家长则是好几双眼睛盯着一个孩子，孩子有点风吹草动就会被发现。所以有时候老师在课上批评孩子的一句话，可能会被家长抓住然后无限地放大，很多家长关注的是"老师为什么会对我们家孩子说这句话？"而不是关注到了"为什么老师只说我们家孩子，不去说别人家孩子？孩子出现问题我们怎么去帮他解决？"所以当家长有这样的疑虑的时候，或者说他看问题并不是看到他孩子自己要解决的一些问题的时候，那么就会产生矛盾。

这些矛盾产生的原因，首先是家校之间缺乏及时、有效的沟通。学校跟家长之间产生矛盾多数在于沟通得不及时，很多时候消息被误传了，导致家长对学校产生了误会。家长可以通过微信、QQ以及电话等形式，与老师保持密切交流，及时了解孩子在学校的学习状态。其实语言的沟通可以解决很多的问题，通过交流能够让更多的家长及时了解孩子在学校出现的问题，帮助孩子及时地改正问题。

其次，在沟通过程中没有注意语言艺术。有的时候话说得委婉一些，就能够很好地解决问题。有一部分老师在和家长沟通时用词不当，或者说话比较急，让家长心生不满，使得双方产生矛盾与隔阂。教师在和家长沟通时，也要做到换位思考，学会用良好而富有温情的沟通加深理解、化解矛盾。

最后，家庭和学校之间未能形成教育合力。苏霍姆林斯基说过："教育的效果取决于学校和家庭教育的一致性，如果没有这种一致性，那么学校的教学和教育过程就会像纸做的房子一样倒塌下来。"其实学校跟家长的目标是一致的，家长为什么要把孩子送到学校里来？家长就是希望孩子在学校里面能学习知识，增长本领，将来有一天能够成为有用的人才。而学校办学的目的也是为了国家培养人才，学校和家长都在为了孩子的发展努力。只有家长和学校之间形成教育合力，为了促进孩子的发展而共同努力，孩子才会有一个良好的学习环境。

家校矛盾的存在是学校和家长之间的一把利剑，最终被刺伤的却是我们的学生。为了让孩子健康快乐地成长，需要家庭和学校形成教育合力，秉持互相包容、互相理解的理念，共同解决家校之间的矛盾，为了孩子的发展而努力。

家庭教育小贴士

家校沟通矛盾如何解决

1. 注意语言艺术，保持及时、有效的沟通。
2. 要形成教育合力。
3. 互相包容、互相理解。

第五章
亲子导航

孩子为啥拿"妈妈提醒"当挡箭牌

最近在家校交流中,有些家长提出了一些问题,有些家长问:"都说学习是自己的事儿,如果孩子对自己的学习不上心,成绩差,家长如何做到不催促、不逼迫,就能让孩子主动学习?"还有的家长跟我抱怨:"我们家的孩子最爱说的一句话是,都怪我妈妈没提醒我。"还有的家长跟我反映自己家的孩子不及时完成家庭作业,对学习也不重视,交代的事情也不会主动去做。

"都怪我妈没有提醒我"的背后说明这个孩子缺乏责任意识,自己不主动学习,不主动做作业,当出了问题时就怪别人不提醒。其实这些问题的背后折射出学生缺乏自身的责任感,缺乏规则意识。

从孩子缺乏责任意识的原因来看,首先在于孩子没有养成良好的行为习惯,其次也与家长在日常生活中处理问题的方式有关。

孩子要学会独立,很多事情要学会自己主动去做。像最基本的学习问题,孩子上学以后要自己完成作业,要主动记录上课的知识点。最基本的生活问题,自己动手穿衣吃饭,自己佩戴红领巾。

孩子需要独立完成这个年龄阶段需要完成的任务,家长需要从小培养孩子"自己的事情自己做"的意识。目前家长比较困惑的问题就是孩子到了应该自己承担责任的阶段,但是孩子并没有承担起这个责任,遇到这种情况应该怎么办?

第一,父母一定要尽量少提醒,避免为孩子包办一切。孩子能够自己完成的事情,一定要让孩子自己去做。这是非常重要的一个环节,否则提醒之后孩子没做到,或者有一天家长忘了提醒孩子,孩子就会埋怨父母。

比如说孩子没戴红领巾，没带学习用具。到学校以后，老师批评他，他就会找借口，说是因为我妈没有提醒我。但实际上戴不戴红领巾和不带学习用品是孩子自己的事，到学校以后受惩罚的也是孩子。只有让孩子体验没有做好这件事的后果，才能让他在这个事件中吸取教训。

在孩子的成长过程中，有的孩子能够独立完成自己想要做的事，也有的孩子喜欢依赖别人。当孩子过于依赖他人时，这个时候家长就要注意，要善于引导孩子学会独立，学会对自己的事情负责。

现实中，很多家长为了避免自己的孩子受到惩罚，很多时候就会亲力亲为，替孩子包办一切。经常在校门口看见没戴红领巾或者没带饭费的学生，以及上班了以后还要大老远地跑过来送的家长。

这样不仅耽误了家长正常上班，孩子也不会改正错误，还养成了不好的习惯。孩子会考虑，反正不管戴不戴红领巾，我妈一定会给我送过来的，我也不会受到老师的惩罚。

遇到这种事，家长尽可能地不要把孩子遗落在家的物品送过来。孩子这件事做得好坏，会有老师对他进行评价，无论评价好或不好，孩子都会在这个事情当中吸取经验或教训，能够得到成长。

第二，家长要有以退为进的意识，培养孩子的主动意识以及良好的生活习惯。家长要根据每个孩子的特点因材施教，当然也要学会坚持，有些家长可能会随着时间的推移慢慢地无法坚持，孩子就很难养成主动意识以及良好的生活习惯。当然，有的家长在坚持以后，孩子的受教育效果非常明显，短时间就会把孩子出现的问题解决。

有的家长可能第一次实践的时候效果不是特别好，实际上培养孩子、养育孩子的过程是特别考验家长智慧的过程，没有一招是绝招。一招下去把孩子所有的问题都解决了，也是非常不现实的。

家长要意识到所有的困难与挫折都是推动孩子发展的载体，所以无论大事还是小事，都要持之以恒。当家长有这种意识的时候，就应该不

第五章
亲子导航

断地去调整自己的教育方法，在教育孩子过程中慢慢地总结经验和教训，逐渐改善和提高。

第三，家长要与学校形成教育合力，加强家庭与学校之间的沟通互动，共同培养孩子良好的行为习惯。有些家长之前也跟我反映，随着孩子慢慢长大，家长逐渐发现自己越来越不了解自己的孩子，想进一步关注孩子在学校的生活。所以有些家长就考虑，如果学校也像幼儿园那样，在家里可以看监控，看看孩子怎么和同学交流、相处就太方便了。

十几年前，数字校园开始进入学校。数字校园的实质就是信息化手段对学校教育的一种推进方式，当时北京市很多学校都在教室里安装了摄像头，安装摄像头的目的是在办公室里边就可以看到每一个班级不同的教师以及学生的教学与学习状况。

当时我们学校也在做数字校园的规划，但是对于每个班级装摄像头的方式我是不赞同的。因为每个家庭关起门就是自己家庭的私人空间，班主任老师和孩子关起门，也有属于他们自己的私人空间，每个教室都安装摄像头不仅会使教师产生压力感，也会限制孩子个性的发展，其他孩子的隐私也可能被泄露。

老师要有属于和孩子之间的教育空间，但是安装摄像头以后可能会带给家长甚至是教学管理人员无穷的遐想。这个老师为什么不带孩子学新课却带他们玩起猜字谜的游戏，或者老师的声音、语调的变化等都有可能引起家长不必要的误会，不利于老师教学工作的正常开展。

例如数学课上，数学老师可能前5分钟并没有上数学课，可能针对昨天的数学作业讲一下有关学习态度的问题。而这个学习态度，从内容上来看，和今天讲三角形、平行四边形是没有必然的联系的。老师实际上是对孩子以往学习内容的一种回顾，或者说关于学习态度上的教育。每位老师都会有自己对教育的一些做法或者想法，我们应该信任老师，信任孩子们，要给教师与孩子学习与成长的空间。

在家长调整好教育孩子方式的同时，也需要与学校教育相辅相成，加强家庭与学校之间的沟通互动，共同为促进孩子的发展而努力。

家庭教育小贴士

孩子为啥拿"妈妈提醒"当挡箭牌

1. 父母一定要尽量少提醒，避免为孩子包办一切。孩子能够自己完成的事情，一定要让孩子自己去做。

2. 家长要有以退为进的意识，培养孩子的主动意识以及良好的生活习惯。

3. 家长要与学校形成教育合力，加强家庭与学校之间的沟通互动，共同培养孩子良好的行为习惯。

母亲如何学会松手

我发现当代家庭有一个怪现状——父慈母严,"虎妈"当道。近期,我约见了近 10 位所谓"问题儿童"的家长,其中有抑郁症边缘儿童,多动症、高功能孤独症儿童……想从与这些孩子的父母的交流中,了解孩子们原生家庭的环境,探讨造成儿童心理问题的原因。

我发现,这些"问题儿童"的家庭都存在着惊人相似的地方——有一个强势的虎妈。

"强势虎妈",在家庭中有绝对权威,说一不二,不允许丈夫和孩子违反自己的意愿。妈妈通常事无巨细地包揽孩子的一切事务,同时也会嫌弃丈夫和孩子无用。与其说她极爱孩子,不如说她极爱那种对孩子的全面把控,这种控制给她带来了成就感和强大感。

我在与家长约谈过程中,有一位妈妈就十分典型。一家三口走在路上时,妈妈走在前面,孩子和爸爸走在后面。不多会儿,这位妈妈就开始嫌孩子和丈夫走得慢,并且当众开始斥责丈夫和孩子,一点情面也不留。孩子的爸爸很是尴尬,孩子也一声不吭。可想而知,在"虎妈"的高压之下成长,孩子将会多么压抑与窒息呀!

与另一位妈妈的交流中也有类似的情况。在我和老师们建议先以调整孩子的心理状态为主时,孩子的妈妈多次打断我们说话,不愿正视孩子的心理问题,坚持把孩子的学习放在第一位,而不顾及调整孩子的心理状态。我们都能理解这位妈妈想让孩子优秀的心情,但是忽视了孩子的真正需求,把自己的意愿强加到孩子身上,真的会对孩子的成长有益吗?

家庭对于孩子性格、品行、行为习惯的形成，有着极其重要的作用。母亲，则是家庭中极为重要的角色。

母亲对孩子的要求过于严苛，掌控过多，有可能给孩子造成强烈的压抑感。在母亲过多的控制和干预之下，孩子长期处于压抑环境之中，无法享受快乐的童年，也难以拥有独立思考的能力。同时，父母权威失衡的家庭环境，可能会让孩子渐渐地失去与人交往的兴趣，给自己幼小的心灵上了一把锁，变得孤独、闭塞。

真正明智的母亲，会随着孩子的长大慢慢地松手，克制对孩子的控制欲。不是对孩子吹毛求疵，而是给他们一个轻松自由的成长环境；不是包揽孩子的一切事务，而是让他们亲身去体会成长路上的酸甜苦辣；不是把自己的意愿强加到孩子身上，而是多问问孩子的想法。尊重他们的想法，呵护他们的自尊，这对孩子们心灵的健康成长有着极其重要的意义……

雏鹰离开舒适的巢穴，方能学会飞翔；幼虎离开妈妈的怀抱，才能成为森林之王。世间万物都向往自由，幼小的生命都渴望成长，所有孩子都希望勇敢做自己。

除此之外，为了孩子的健康成长，也要处理好夫妻关系。妈妈应当给予爸爸尊重和平等，父母之中任何一方过于强势都会使家庭关系变得紧张。

原生家庭将直接影响孩子对婚姻的认知，而且会延续到孩子未来的家庭关系中，所以，维持一个健康和谐的家庭关系尤其重要。如果原生家庭中的父母和谐相处、互相尊重，那么孩子也会在自己未来的家庭生活中尊重配偶，营造一个良好的家庭环境。

孩子是稚嫩的幼苗，母爱应当是春风化雨、和煦阳光，是支持孩子自由、健康成长的力量。愿妈妈们不做新时代里的"强势妈妈"，给孩子营造一个美好的成长乐园吧！

家庭教育小贴士

母亲如何学会松手

1. 家庭对于孩子性格、品行、行为习惯的形成有着极其重要的作用。母亲,则是家庭中极为重要的角色。

2. 母亲对孩子的要求过于严苛,掌控过多,有可能给孩子造成强烈的压抑感。

3. 真正明智的母亲,会随着孩子的长大慢慢地松手,克制对孩子的控制欲。

好家长为何要给孩子赞美

在家庭中，父母能否给孩子创造幸福的成长环境，对孩子的一生都会产生极为重要的影响。当下很多家长在家庭教育中以爱之名拼命给孩子加压，这样不但不会让孩子成功，反而会让孩子在人生的道路上离幸福越来越远。

学生缺乏幸福感，除了学业压力之外，与父母的教育方式有着密切的关系。家长出于"爱"，出于对孩子未来的考虑，只得不断给孩子加压，但这并不一定就能让孩子收获成功，相反却很有可能让孩子因此苦不堪言。

当今，独生子女多，为了让孩子不输在所谓的"起跑线"上，很多家长急于寻求科学的教子方法，可是又常常事与愿违。

最典型的案例就是父母盲目比较。当孩子考到90分的时候，父母会拿自己的孩子和考100分的孩子作比较；当孩子考了100分的时候，父母又会拿多少个孩子都考了100分与自己的孩子作比较……长此以往，孩子的自信心极易受挫。父母在这种比较中，就容易觉得自己的孩子总不如别人的孩子，而这也会增加自己为人父母的挫败感。

什么样的家庭教育才能对孩子的成长有利？什么样的家庭教育才能让孩子感受到幸福？要想做一名好家长，需要给予孩子三样东西：一是时间，做最好的家长不仅要保证多花时间跟孩子在一起，更重要的是将这些跟孩子在一起的时间变成有效时间，多跟孩子沟通，利用身教影响孩子；二是培养孩子的良好情绪，可以带孩子去海边看月亮，去郊区看星星，给孩子讲蔬菜的生长，自然地培养起孩子的情怀和诗意；三是多鼓励、多赞美孩子，但也要注意适可而止。此外，父母要学习的必修课就是学会放手。

在家庭里，父母与孩子的互相赞美，可以促进和谐亲子关系的形成，有助于父母与孩子之间建立一种积极的关系，使彼此更加亲近和信任。

赞美可以增强孩子获得成功的情绪体验，进而激发其尝试的兴趣和探索的热情，但是赞美的方式是否得当也会影响赞美的效果。正确的表扬和鼓励方式可以促进孩子自信心和自尊心的发展，错误的表扬和鼓励方式则可能使孩子骄傲自大，最终适得其反。那么，家长又该如何赞美孩子呢？

首先，家长要赞美孩子的努力过程。曾经有学者做过这样一个实验，把孩子分成两组，一组赞美孩子的天赋，一组赞美孩子努力的过程，称赞完后给两组孩子同样的选择题。结果发现绝大多数被称赞天赋的孩子，都选择了最简单的任务，不敢接受挑战；反而被称赞其过程的孩子，几乎都选择了看起来比较困难，但能学到东西的选择。因此，家长要关注孩子努力的过程、创意等，即便孩子在过程中有挫折甚至失败，家长也要给予鼓励。这样，会让孩子觉得学习的过程比结果更重要。

其次，家长要及时给予孩子赞美。孩子成长的过程中，如果没有鼓励和赞美，势必会缺乏自信。适时、及时地给予孩子鼓励和赞美，可以使孩子获得前行的力量和希望。当孩子出现某一良好行为时，家长应马上予以表扬，不要等到有时间了再说，这样反而会让孩子觉得家长的表扬与赞美莫名其妙。

最后，家长对孩子的赞美要具体。赞美是教育孩子的有效方式，但不切实际的赞美是不可取的。这只会让孩子们感到骄傲、不满和停滞不前。家长赞美孩子时，一定要根据孩子的实际情况，孩子做得好，值得赞美。在赞美的时候，要注意语言的使用，争取做到赞美的是具体的某一行为或者态度，而非空洞的"你太棒了！"例如可以说："你今天的字写得又快又认真""你刚才给老爷爷让座,为你点赞"……这样的赞美,可以让孩子意识到父母对自己的关注,也能感受到这是父母发自内心的赞美。

家庭教育小贴士

好家长为何要给孩子赞美

1. 父母在与别的孩子的比较中,容易觉得自己的孩子总不如别人的孩子,而这也会增加自己为人父母的挫败感。

2. 做最好的家长不仅要保证多花时间跟孩子在一起,更重要的是将这些跟孩子在一起的时间变成有效时间,多跟孩子沟通,利用身教影响孩子。

3. 培养孩子的良好情绪,可以带孩子去海边看月亮,去郊区看星星,给孩子讲蔬菜的生长,自然地培养起孩子的情怀和诗意。

4. 多鼓励、多赞美孩子,但也要注意适可而止。

5. 父母要学习的必修课就是学会放手。

6. 首先,家长要赞美孩子的努力过程。其次,家长要及时给予孩子赞美。最后,家长对孩子的赞美要具体。

二孩家庭，如何引导大宝做榜样

"如果我有了弟弟妹妹，爸爸妈妈还会爱我吗？"

"妈妈总是陪他不陪我……"

这是许多新晋哥哥姐姐，面对突然出现在生活中的弟弟妹妹所产生的疑问与焦虑。随着三孩政策的到来，呱呱坠地的二宝、三宝无疑会给家庭带来许多欣喜与欢乐，但与此同时，大宝的抗拒、孩子间关系的紧张等问题也接踵而来。

同胞关系对人一生的成长是十分重要的，它会在童年和青春期，向人提供复杂的社会情感和认知变化时所需要的支持和亲密感。如果家里的两个宝贝能够和谐共处，初步建立起同胞之间的群体意识，会让孩子以后在社会上与人交往、团体合作打下良好的基础。到了成年期，更懂得如何在家庭生活和事业发展方面与他人互相扶助。

此前，绝大多数孩子都是独生子女，头胎的孩子一生下来就是家庭生活的重心、父母关注的焦点。二宝、三宝的到来，使大宝原先独占的物质资源被分享，父母陪伴的时间被瓜分，一下子失去了原有的优势和地位，这种落差感很容易让大宝在心里讨厌这个和他争宠的"坏二宝"。

这时，父母一定要照顾到大宝的情绪，树立大宝为榜样。可以让大宝参与照顾弟弟妹妹的行列，让大宝做一些力所能及的事情，比如递奶瓶，给二宝、三宝讲故事等，并且给予大宝及时的肯定与鼓励："看看哥哥（姐姐）多么棒呀！""二宝有一个好哥哥（姐姐）。"……

父母把大宝树立为二宝、三宝的良好榜样，让大宝明白：你很重要，这个家庭是需要你的，作为弟弟妹妹的榜样更是不可或缺。

这样做，不仅满足大宝受到父母关注的心理需求，让大宝体验到照顾二宝、三宝的成就感，而且在参与照顾的同时慢慢接纳自己的弟弟妹妹，借此也可以增强大宝对家庭的责任意识。

对于二孩或者三孩家庭，发掘大宝"榜样的力量"是十分必要的。我们都知道，榜样的力量是强大的。在孩子成长的过程中，往往会在心里树立榜样来模仿和学习，可能会是父母、老师、同学或者明星名人。此时如果能让大宝作为二宝、三宝学习的榜样，不仅让二宝、三宝的成长路上有了同辈的引路人，宝贝之间也能够建立起良好的关系。

那么如何让大宝成为榜样并意识到自己的责任呢？家长的肯定、鼓励和循循善诱是十分重要的。要引导大宝去帮助弟弟（妹妹）做一些力所能及的事，让宝贝们有足够长的相处时间，并在大宝表现好时充分给予言语上的肯定夸奖和适当的奖励，如亲吻、拥抱、购买心仪已久的玩具等。

榜样引领前行，在孩子之间建立起学与被学、互帮互助、相亲相爱的同胞关系，对大宝和二宝、三宝都有着极其深远的意义。

在将来，二孩或三孩家庭会越来越多，孩子们能否和谐相处、互相接纳，可能会直接影响到整个家庭的生活氛围和孩子身心的发展，家长们一定要做好指引，让孩子们在成长路上携手前行。

家庭教育小贴士

二孩家庭，如何引导大宝做榜样

1. 如果家里的宝贝们能够和谐共处，初步建立起同胞之间的群体意识，会让孩子以后在社会上与人交往、团体合作打下良好的基础。

2. 父母一定要照顾到大宝的情绪，树立大宝为榜样。父母把大宝树立为二宝、三宝的良好榜样，让大宝明白：你很重要，这个家庭是需要你的，作为弟弟妹妹的榜样更是不可或缺。

3. 要引导大宝去帮助弟弟（妹妹）做一些力所能及的事，让宝贝们有足够长的相处时间，并在大宝表现好时充分给予言语上的肯定夸奖和适当的奖励，如亲吻、拥抱、购买心仪已久的玩具等。

4. 榜样引领前行，在孩子间建立起学与被学、互帮互助、相亲相爱的同胞关系，对大宝和二宝、三宝都有着极其深远的意义。

如何处理独生子女的教养问题

当前,国家已经放开了二孩、三孩政策,但是仍有非常多的年轻父母选择只生一个孩子。独生子女已成为我国普遍的社会现象,如何抓好独生子女的教育问题,已经成为每一个教育工作者和广大家长都需要关注的问题。独生子女如果处于比较优越的家庭环境和社会地位,在独生子女身上容易表现出某些令人担忧的不良品性,如缺乏独立性、喜欢以自我为中心、社会适应性较差等。

从独生子女性格养成教育来看,造成独生子女出现问题的首要原因就是父母的溺爱。独生子女的性格与家庭中父母的教养方式有很大的关系。现在很多家庭跟老人住在一起,老人的教育理念与家长又略有不同,在很多问题上,老人都会非常心疼孩子,就会产生溺爱。溺爱就意味着无原则地妥协,缺乏一以贯之的教育要求。独生子女家庭只有一个孩子,大家对这一个孩子过于关注与爱护,吃的喝的用的等各个方面,家长都想把最好的一切给这个孩子。他们只知一味地宠爱,却忽略了子女会因溺爱产生诸多问题。

家庭教育环境促成了独生子女成长之后的各种问题,要想解决这个问题,家长们首先要给孩子一个正常的教育环境。家长应该把孩子当成与自己一样平等的个体,不能对孩子差别对待,过分溺爱孩子,很多事情要让孩子学会自己去做。在孩子整个成长的过程中,要摆正孩子在家庭中的位置,不要让孩子过于以自我为中心。

另外,要让孩子在成长过程当中有长幼意识,比如说爸爸妈妈是自己的长辈,爷爷奶奶更是爸爸妈妈的长辈,同时也是自己的长辈,要让

第五章
亲子导航

孩子树立尊敬长辈的意识。越是长辈越应该尊重。但是我们现在出现了"421"综合征,"4"个老人是姥姥姥爷、爷爷奶奶,"2"是爸爸、妈妈,"1"就是这个孩子。在这样的家庭结构里,实际上都是以孩子为核心的。家长要让孩子在这个过程当中感受到长幼有序,自己是幼,长辈是爸爸妈妈、爷爷奶奶和姥姥姥爷,要尊重长辈。例如,每次吃饭前,教育孩子,如果长辈没有过来,就不能提前吃饭,要等大家全部到齐以后才能吃饭。从小培养孩子这种长幼的意识,让孩子学会为他人着想。

可是我们现在的家庭教育却反过来了。孩子在成长的过程中,家长的溺爱让孩子不自觉地以自我为核心。从小的家庭环境让孩子一直处于高高在上的地位,在家里有好吃的也是先给孩子享用。全家人都把孩子当成"小皇帝""小公主"一样捧在手心里,做什么都以孩子为中心。所以逐渐养成了独生子女的种种缺点,如不考虑别人的感受,缺乏意志力,这是很多独生子女家庭中普遍面临的比较严重的一个问题。

孩子从家庭走进学校,要面对同学、面对老师,今后走上社会,还要接触更多人,如果他在家庭里过于以自我为中心,到了社会上就无法为他人考虑,更不能建立良性的人际关系,更无法立足。如果社会上每个人都以自我为中心,那这个社会的发展就会面临很多的问题。所以,家长还是要从自己孩子的定位开始,解决孩子以自我为中心的问题。

要解决这个问题,首先要让孩子了解怎么样去尊重别人。当孩子以尊重、平等的心态对待他人的时候,就能够站在自己和对方的角度上去考虑问题。

其次要让孩子学会感恩,要培养孩子的同理心。让孩子明白不是所有的爱都是理所应当的,我们接受了他人的爱意与呵护,就要学会用同等的爱去关心他人。当孩子能够换位思考的时候,比如说爸爸妈妈为自己的成长付出了努力,流了汗水甚至可能流了泪水,他能够站在爸爸妈妈的角度去想问题的时候,他就会感受到对方的心情。他站在对方的角度上去想问题，能够感受到对方的情绪，他就能够知道自己应该怎么样去对待对方，怎么样去感谢对方。

教育子女的过程是一个阶段性的过程，绝对不是一蹴而就的。教育的过程要分为两个阶段，一个是"教育"的过程，另一个是"养育"的过程。家长在最初教育孩子的时候，孩子不一定能够理解父母所说的话。所以父母教育孩子的时候一定要结合具体的教育情境，让孩子能够深入理解家长的教育内容。比如说，有了食物或者有了自己喜欢的东西的时候，要教育孩子跟别人去分享。再比如跟爸爸妈妈、爷爷奶奶说话要用您，跟自己的长辈、叔叔阿姨等，要用您、您好等一些礼貌用语。最初对孩子生活中各种小事进行指引，慢慢地引导孩子感受到分享的快乐和成就感，在这个过程中培养孩子的乐于助人、善于分享的品质。

还有些家长会有这样的困惑，我刚刚教育了孩子，但是孩子没过几天就忘了。这是因为只对孩子进行教育还不行，还是非常片面的。除了教育孩子，还要培养孩子良好的习惯，引导孩子将良好的行为坚持下去。教育的过程中，家长要不断地去鼓励孩子，培养孩子良好的行为习惯。家长在孩子良好行为产生后要进行积极的强化："宝贝，你今天跟小朋友说'你好'，跟叔叔阿姨说'您好'。你今天的表现非常好，阿姨特别高兴，阿姨还给妈妈打了电话，夸你非常有礼貌。"

通过鼓励让孩子慢慢地知道，用这种用语就是有礼貌，吃饭的时候给旁边的阿姨叔叔或者给自己朋友、小伙伴夹了菜，这个也是为别人着想。这种行为会得到妈妈的表扬，这个事情是对的，这种鼓励与引导的过程会逐渐培养孩子良好的习惯。

一般一个好习惯的养成需要 21 天，每天坚持对孩子进行鼓励与引导，一段时间以后，孩子会逐渐养成一种与他人分享的意识。懂得有喜欢的食物时与别人分享，别人有困难的时候要帮助别人，别人帮助了自己要懂得感恩。当孩子在日常生活中逐渐有这样一种意识，孩子就会逐渐改变以往以自我为中心的各种行为。这种坚持实际上是培养孩子良好的行为习惯，对于孩子未来成长来说，会发挥更多的作用。

独生子女身上出现的问题并不可怕，可怕的是父母的过度溺爱，让孩子在发展的关键期失去很多机会。所以家长们要学会理性放手，多给孩子自己的空间，把握好教育时机，采用灵活的教育方法，促进孩子的健康成长。

家庭教育小贴士

如何处理独生子女的教养问题

1. 独生子女如果处于比较优越的家庭环境和社会地位，在独生子女身上容易表现出某些令人担忧的不良品性，如缺乏独立性、喜欢以自我为中心、社会适应性较差等。

2. 造成独生子女出现问题的首要原因就是父母的溺爱。

3. 要解决独生子女出现的问题，首先要让孩子了解怎么样去尊重别人。其次要让孩子学会感恩，要培养孩子的同理心。

4. 要培养孩子良好的习惯，引导孩子将良好的行为坚持下去。家长要不断地去鼓励孩子，培养孩子良好的行为习惯。

培养健全人格
——家庭教育 *60* 问

如何教育孩子面对家庭关系

古语云"家和万事兴",说的就是家庭和睦万事才能兴旺发达的道理。在良好的家庭环境中,能够营造健康向上的氛围,孩子能够更加健康、茁壮地成长,建立良好的家庭关系对于孩子的发展非常重要。

目前独生子女比较多,孩子在家中非常受宠爱,导致很多孩子只关注自己的情绪,做事随心所欲,不顾及他人的感受。除了自己之外,很少考虑他人的想法,甚至忽略自己的爸爸、妈妈、爷爷、奶奶的感受,不懂得感恩,以自我为中心,随意发脾气。

遇到这种情况很多家长都是不知所措,感到非常无助。家长很多时候不能理解孩子的行为,明明自己对孩子做得已经足够好了,把最好的一切都给了孩子,但是自己的孩子却不懂得感恩。孩子不理解父母的一番苦心,这让很多的家长感到伤心和懊恼。

在孩子小一点的时候,家长还能用孩子年纪小、不懂事来安慰自己,但事实是很多孩子到了青春期,甚至再大一点,还是不懂事。有些孩子甚至不愿意劳动,依靠啃老为生,不免让人唏嘘。到这个时候家长再想改变孩子的想法,让孩子重新振作是非常困难的。所以家长要"防患于未然,捉矢于未发",从小培养孩子正确面对家庭关系。

首先,家长要避免为孩子包办一切,引导孩子学会独立,懂得感恩。很多家长对孩子无微不至的爱让孩子变成了一个"衣来伸手,饭来张口"的"小皇帝""小公主"。家长尽力配合孩子的要求,帮孩子包办一切,甚至连穿衣、穿鞋这种小事,都需要家长亲力亲为。

殊不知,这样的爱让孩子变得自私自利,让孩子认为父母给予的一

第五章
亲子导航

切都是理所应当的。当父母偶尔没有满足孩子需求的时候,孩子就会暴跳如雷,摔东西威胁家长,让孩子形成了一种"所有人为我服务"是理所当然的想法,只要不开心就随意发脾气。

家长帮孩子包办一切的思想还会让孩子滋生懒惰,精神松懈,懒于独立思考。包办代替不是在帮助孩子,而是在坑害孩子。爱子之心,人人都有。如果是过分的爱,不给孩子一点独立空间,这样的父母无疑是在害自己的孩子,而孩子就会养成依赖父母的习惯。当孩子有一天离开家庭,来到学校以后,就很难自己独立生活,不会处理同学之间的关系,不会跟老师打交道,不利于孩子的长远发展。家长应该从小锻炼孩子的独立意识,让孩子在独立实践、独立探索的过程中学会自己的事情自己做。适当分配给孩子一定的家务,让孩子能够体会父母平时工作以及劳动的艰辛,引导孩子逐渐学会感恩。

家长也要给孩子提供一个成长的平台和机会,孩子到一定年龄阶段,家长就要有意识地培养孩子的动手能力。例如,家长可以教孩子学做蛋炒饭,按照顺序,要先放油、放鸡蛋然后再放米饭。饭做好了以后,不论孩子做的饭是否好吃,都要给予孩子适当的赞扬。等下次父母比较忙的时候,或者没时间做饭的时候,孩子就可以主动做一顿饭,让父母回家能够吃上热乎的饭菜。

这只是其中一个例子,生活中还有很多的事情,家长都可以尝试教给孩子。在这个过程当中,孩子可以体会到自己主动为父母分忧解难时父母的喜悦,家庭氛围也会变得更加温暖。孩子通过这种愉快的体验,也能体会到自己作为家庭一分子的责任。

其次,家长也要合理平衡家庭关系,分清主次,营造良好的家庭氛围。在我国城市家庭中,有两种基本的人际关系,即由婚姻而形成的夫妻关系与由血缘而形成的亲子关系。这两种关系紧密相关,互为前提和条件。传统社会以父子为轴心,在女性经济独立后,促使家庭由以父子轴心向夫妻轴心转移。

只有建立稳定的夫妻关系，才能够为孩子的成长提供一个和谐稳定的环境。如果重心发生偏移，过分关注亲子关系，不仅会使关系失衡，影响夫妻和睦，还会使孩子变成一个"巨婴"，遇到问题只会求助父母，缺乏自己的独立判断能力。只有建立一个稳定和睦的家庭环境，孩子在父母的关爱下共同成长，才能培养孩子健全的人格。

最后，家长要树立正确的教育理念，做好孩子的榜样。教育家福禄贝尔曾形象地说："国家的命运与其说操纵在掌权者手里，倒不如说是掌握在母亲手里。"家长的家庭教育观念、文化修养、教育方法对孩子的人格、认知、行为和品德的发展至关重要。只有家长树立正确的教育理念，树立良好的榜样作用，才能更好地与孩子进行平等的交流。家长要通过循循善诱，动之以情、晓之以理，帮助孩子更好地成长与发展。

家庭教育小贴士

如何教育孩子面对家庭关系

1. 家长要避免为孩子包办一切，引导孩子学会独立，懂得感恩。
2. 家长也要合理平衡家庭关系，分清主次，营造良好的家庭氛围。
3. 家长要树立正确的教育理念，做好孩子的榜样。

第五章
亲子导航

如何引导孩子平稳度过青春期

青春期是孩子身体迅速生长发育的关键时期，也是继婴儿期后，人生第二个生长发育的高峰期。在这个时期，孩子身心会发生很多变化，憧憬成熟又留恋童年，追求完美又总有缺憾，拒绝灌输又渴望帮助。很多家长因为不了解孩子，对孩子严厉约束，导致亲子矛盾不断升级，矛盾重重，作为家长该如何帮助孩子平稳地度过青春期呢？

青春期，也是人生的"易碎期"。在这个阶段孩子的内心容易"破碎"。孩子的成长过程就像瓷器制作的过程，从一抔土通过拉坯去雕刻它、晾晒它，然后通过高温将坯烧成一个"器"。

当处于土的那个阶段，我们不用担心破碎的问题，所以这段时间是最安全的。当烧制完毕成为瓷器以后，只要不主观地、人为地破坏它也不会碎。但是比较危险的这段时间就是坯拉起来了，刚刚成型，成坯了但是没成器。这个过程当中特别易碎，所以这段时期就叫作易碎期。

对于一件瓷器来说，能不能做得漂亮，彩绘是不是精美，打磨是非常关键的一个时期，所以我们说大器晚成。大器必然晚成或者说重器必然晚成的关键是，我们必须在打磨的这段时期下功夫，才能将其雕琢成为一件比较精美的作品。

对于人生来说，青春期的孩子坯被拉起来了，但是最终还是没有成器，也就是说孩子生长发育的各方面，如身高、体重等都有了飞速的发展，但是他的内心实际上还没有达到成熟的程度。家长如果能够认识到这一点，能够了解青春期是孩子人生特别关键的时期，就能够在孩子青春期的时候，理解孩子的行为，用心帮助孩子"打磨"。家长通过运用正确的方法，采取正确的方式，用心血去灌溉、雕琢，就一定能够帮助孩子顺利度过青春期。

首先，家长要对孩子的行为给予理解，要给予孩子一定的个人空间，要逐渐引导孩子。同时对于一些次要的事情，不要管得太严。家长教育孩子的时候一定不要太强势，不要絮絮叨叨的，不断地重复会让孩子觉得反感。

我有个朋友，他跟我讲述是如何关注自己在国外读书的孩子的。孩子只要一放学，比如他在英国下午四五点钟放学，就是国内夜里的一两点，他就要求孩子将手机视频打开。告诉孩子可以做自己的事情，可以写作业，也可以找同学玩，可以找老师，但是家长要求孩子的视频是必须打开的。

孩子其实非常反感家长这样做，日积月累，就容易造成冲突。后来果然朋友的孩子有一段时间特别叛逆，不仅不跟我这位朋友视频了，甚至连电话也不愿意接，这让我这位朋友非常焦虑。

我就跟朋友讲，实际上不是某一件事儿让孩子心里边有那么大的怨气，实际上是一贯的做法让孩子产生怨言。家长需要给孩子一定的空间，孩子长大了需要被信任、被理解，需要有自己的空间。甚至有的时候孩子可能真的做错了，他也不希望家长有太多的批评与指责。

即使家长说得再对，在孩子情绪烦躁的时候，他不仅一句话听不进去还会非常反感，非常容易跟家长唱反调。你不让孩子这样，孩子可能就偏这样，这就会造成负面的教育效果。

有些时候家长发现孩子做得并不合适，实际上他的内心已经意识到自己的错误。家长这个时候不要借这个事情马上对孩子进行思想教育。因为青春期的孩子主要的表现就是要面子，所以这个时候家长要主动给孩子台阶下。等过一段时间以后，在不经意之间，家长可以再谈到这件事，孩子会很顺其自然地接受。

第五章
亲子导航

其次，在孩子青春期的时候，家长一定要及时收住自己的脾气，不要总在孩子面前扮演强者的角色，要善于妥协和示弱，避免和孩子发生正面的冲突。青春期的孩子，随着大脑及身体各器官的发育成熟，心理极不安定。这个时期的孩子性格冲动，容易暴躁、激动，乱发脾气。对事物的理解和认识往往出现偏激，常常与大人唱反调，家长如果在这个时期跟孩子正面争执，容易引发不良的后果。

其实有的时候孩子不光是对着父母较劲，也会跟自己较劲。身体的变化实际上带来孩子性格、状态、各方面情绪的一种改变，所以家长对孩子应该保持宽容，要对孩子的行为给予理解。孩子处于青春期的困惑、迷茫、伤心、失望，也需要对人倾诉。有时候孩子需要找人倾诉他的坏心情，此时家长应该做好一名听众，而不是一个"指挥家"。

最后，青春期是身心发育的必然阶段，是童年走向成年的过渡，要理性看待青春期。青春期男孩跟女孩存在一些区别，女孩发育得比较早，男孩青春期相对较晚。在这个时期，无论男孩女孩，都开始拥有了自己的小秘密。其实无论是男孩还是女孩，在青春发育期之前，家长可以有意无意地告诉孩子，青春期是每个人必然要经历的阶段，引导孩子理性看待青春期。

家庭教育小贴士

如何引导孩子平稳度过青春期

1. 家长要对孩子的行为给予理解，要给予孩子一定的个人空间，对于一些次要的事情，不要管得太严。

2. 家长一定要及时收住自己的脾气，不要总在孩子面前扮演强者的角色，善于妥协和示弱，避免和孩子发生正面的冲突。

3. 青春期是身心发育的必然阶段，是童年走向成年的过渡，要教育孩子理性看待青春期。

为什么赏识教育不管用了

戴尔·卡耐基说:"使人发挥最大能力的方法,就是赞美和鼓励。"作为家长,应对孩子多加鼓励和赞扬,对孩子进行赏识教育。但是越来越多的家长也发现,鼓励和赞扬对孩子居然不起作用了,到底是什么原因呢?

赏识教育是对孩子减少批评指责,采用鼓励方式指导孩子成长的一种积极的教育方式。"赏"就是欣赏,为什么要欣赏?肯定是孩子有优势,有好的地方,家长需要发现孩子身上的闪光点;"识"就是家长需要表扬、称赞孩子;家长要把所看到孩子好的地方用自己的方式表达出来,这是赏识。

不可否认的是,在孩子的成长过程中,表扬、赞赏这些积极因素非常重要,能够让孩子更加自信,对待困难也能够积极面对。那么家长应该如何去发现孩子的优点呢?

第一,家长对孩子的表扬要有侧重点,家长不能每一件事都去夸赞,夸赞也要用在合适的地方。孩子需要你赏识的那个部分,必须是孩子确实经过努力,或者经过内心的斗争,克服困难已经完成或者想要完成但是没有完成的一件事情,在这个过程中,孩子可能有些忐忑,但是最终还是坚持住自己的信念,表现出来某些良好的品质,家长对孩子由衷地赞美。

孩子该做的事做到了,有的时候家长用动作示意一下,点头肯定这也算是一种赏识。或者运用言语表扬,"孩子,这件事你做得真棒"。但是赏识教育要切忌重复表扬,家长说一遍的时候孩子可能非常开心,觉得自己的行为受到了肯定，但是当家长重复的次数多了以后，就会让表扬成为一种形式，对孩子起到的作用将会降低。

当家长在赞扬一个已经上五年级的孩子"我闺女今天自己挤的牙膏可真棒"的时候，这句赞美的话就没有任何价值。家长要学会如何去赏识孩子，要善于发现，合理运用表扬的语言。形式化的表扬方式会让孩子习以为常，起不到应有的作用。

第二，家长对孩子的表扬与夸赞，必须是发自内心的评价，要把握评价的尺度，要客观公正，同时也要有分寸，按照原则实事求是，不能将表扬流于一种形式。我的孩子曾经跟我分享过一个关于评价的案例，他朋友的妈妈是一位成功的女商人，几个小伙伴跟朋友妈妈接触以后都有一个共同的感觉，就是朋友妈妈对孩子们的表扬太虚假了。原因是这个妈妈言谈举止都彬彬有礼，把每个同学都夸赞一遍，面面俱到，但是评价内容不客观，让人感觉并不真心。

当时孩子跟我分享这件事的时候，年龄尚小，我对这么小的孩子就已经对大人说的话有一定的判断力感到非常吃惊。有时候家长是不是真心地夸赞孩子，孩子都能感受到。本来这个孩子非常的胖，你偏夸人家长得真瘦，这就不是夸赞而是损人了。

所以对于家长来讲，和孩子交流一定要是发自内心的。是为他的成长高兴，还是敷衍了事地说句"你真棒"，孩子都能够体会到。所以无论是表扬还是批评，家长都要有诚恳的态度，要以事实为依据，对孩子的行为作出真实的评价，让孩子感受到父母的爱和关心，不要让孩子觉得家长是在敷衍。

第三，赏识教育不是禁止批评，进行赏识教育的同时，也要让孩子接受一定程度的批评教育。有些时候家长一味地表扬和鼓励，反而会使孩子养成一种"只能听好话，不能受批评"的坏毛病。时间长了，孩子就会形成"说也说不得"的坏脾气。没有批评的教育是不完整的教育，有时候适当的批评，能够让孩子及时发现问题，更好地改正缺点。

第四，家长要抓住表扬孩子的时机，要选择恰当的情境，引导孩子不断成长。表扬不是简单地对好的行为进行肯定。再好的方法，如果时机不对，也会适得其反。前瞻性表扬能够为孩子的行为树立榜样，是引发孩子继续坚持的前提；过程性表扬为孩子的行为提供动力；总结性表扬能够强化孩子的行为，使孩子继续坚持。但是家长也要注意表扬的场所，并选择合适的表扬方法。

总的来说，赏识教育是家长发自内心地替孩子高兴，把握时机去推动孩子的成长。赏识这两个字，不是简单的夸。孩子的点滴进步，无不反映家长的教育智慧。正确地运用赏识教育策略，才能够使家庭教育更加有效地发挥作用。

家庭教育小贴士

为什么赏识教育不管用了

1. 家长对孩子的表扬要有侧重点，要抓住表扬孩子的时机，不能每一件事都去夸赞，同时夸赞也要用在合适的地方。

2. 家长对孩子的表扬与夸赞，必须是发自内心的评价，要把握评价的尺度，要客观公正，同时也要有分寸，按照原则实事求是。

3. 赏识教育不是禁止批评，进行赏识教育的同时也要让孩子接受一定程度的批评教育。

4. 家长要抓住表扬孩子的时机，要选择恰当的情境，引导孩子不断成长。

第五章
亲子导航

如何引导孩子科学规划时间

俗话说："一寸光阴一寸金，寸金难买寸光阴。"从小帮助孩子养成规划时间的好习惯，对于孩子身心健康和学习成绩的提高，都会起到事半功倍的效果。为此，如何引导孩子合理规划时间就显得十分重要。

家长帮助孩子树立时间观念是一件非常困难的事。由于疫情的原因，孩子在家里待的时间很长，基本不出家门，所以孩子的时间观念并不是很强。过去孩子去学校上学，几点钟必须要起床，几点钟要吃早餐、到学校，第一节课、第二节课、第三节课按照固定的时间进行，节奏是非常分明的。

由于疫情的关系，孩子在家上网课，独自学习的孩子没有参照系，容易失去紧张感。孩子就会觉得我快一点、磨蹭一点，或者我晚一点起床，都没有太大的关系。因为没有老师在身边看着监督自己，所以孩子在家的时间观念就逐渐淡薄了。

这种习惯产生以后，孩子对时间的管理意识就会下降，对时间缺乏合理的调节与支配就会影响到孩子的学习。同时也容易导致正常的生活作息被打乱，可能会出现各种不适应的现象。

学校录网课的目的之一，是要求孩子在家里根据教学节奏可以合理地支配自己的作息时间。通过网课布置适当的作业，可以让孩子回归之前在学校时的学习状态，培养孩子良好的作息时间以及学习习惯。现在是特殊时期，孩子有更多的机会使用电子产品。孩子年龄尚小，缺乏自我控制能力，很容易被其他事物吸引注意力。有些孩子以上网课为由，借机跟家里要手机玩游戏、看视频，干扰了孩子正常的学习生活。那么，如何引导孩子科学规划时间呢？

第一，家长应该与孩子一起制订明确的学习计划与作息时间。家长要监督落实，孩子要严格遵守。好的计划就像一张航海图上的坐标，沿着规划的线路，可以顺利抵达终点，孩子的学习也会更有效率。制订计划是要明确哪段时间是休闲娱乐的时间，哪段时间是上课学习时间，严格按照计划执行，培养孩子的时间管理意识。在制订学习计划与作息时间时，家长要明确奖惩措施，当孩子违反计划时，要有明确的惩罚措施，孩子要为自己违反规定的行为负责。

在制订完作息时间计划后，家长也可以给孩子安排适当的体育锻炼的时间。体育锻炼时间比较灵活，家长可以根据孩子学习情况，及时调整。有的时候可能因为网速的问题停止教学，可以临时性地增加一些体育锻炼时间。疫情防控期间孩子情绪相对紧张，在家没有一个宣泄的渠道，通过适当的体育锻炼可以适当地宣泄情绪，保证孩子的身心健康。

第二，家长在对孩子的时间管理上也要做到收放有度，给孩子保留一部分自由支配的时间，不能把孩子的时间占满。从起床开始，从刷牙到上课过程中，中间没有喘息的时间，这样对于孩子来说也是非常不合理的。家长要给孩子一定的自由，让孩子可以做自己想做的事，这样孩子在紧张的学习之后能够进行适当的放松。只有劳逸结合，适当放松，才能缓解孩子的学习压力，使孩子始终保持良好的学习状态。

第三，调整好时间之后，家长要做好榜样带头作用，监督孩子学习计划的具体开展，落实学习计划。孩子要早起学习，家长也不能睡懒觉，也要陪孩子一起。要按照前期的时间规划，进行具体的落实。孩子有一些网络上的课程要学习，还要完成各个学科布置的作业。家长不要在前期制订完学习计划以后，再也不关注这件事了。孩子的学习计划如果没有及时得到落实，最后就会变成"一纸空文"，沦为形式。

第四，家长要进行及时的督促，同时也要有阶段性的总结，对于孩子做得好的地方及时表扬，不好的地方及时调整。家长的表扬不能泛泛而谈，不是空洞的而是具体的。家长在总结的时候可以根据孩子一天的表现来进行。例如，家长可以表扬孩子早上9点到10点这一段时间利用得非常好，学习效率高，学习效果也很好；还可以表扬孩子几点到几点这一段时间表现得也非常棒，帮妈妈一起准备了食材，吃饭的时候也没有挑食，遵守了餐桌礼仪。家长可以利用生活中的小事通过总结的形式不断强化孩子的时间意识。

孩子由于年龄尚小，自控能力差，缺乏时间管理的概念，需要家长的指导与帮助。孩子的成长家长不能缺席，家长要多陪伴孩子，循序渐进地引导孩子树立时间管理意识。帮助孩子学会珍惜时间，规划时间，利用时间，提高时间规划能力，提高学习效率，促进孩子更好地发展。

家庭教育小贴士

如何引导孩子科学规划时间

1. 家长要与孩子一起制订明确的学习计划与作息时间，并监督落实，引导孩子严格遵守。

2. 家长对孩子的时间管理要做到收放有度，给孩子保留一部分自己支配的时间，不能把孩子的时间占满。

3. 调整好时间之后，家长要做好榜样带头作用，监督孩子学习计划的具体开展，落实学习计划。

4. 家长也要进行及时的督促，同时也要有阶段性的总结，对于孩子做得好的地方及时表扬，不好的地方及时调整。

家长之间如何沟通合作

所谓沟通，是指通过相互的言语交谈，双方了解彼此的思想情感和意向，消除误会。通则不痛，痛则不通。婚姻生活中的夫妻双方也是如此，适当的交流与沟通，可以增进夫妻感情，让许多矛盾解决在萌芽状态；反之，缺乏必要的交流与沟通，只能拉开夫妻之间的距离，给矛盾的产生留下大量的空间。因此，幸福的家庭，必须从良好的沟通开始。

从目前家庭结构来看，大部分都是核心家庭的结构形式，由一对夫妇及未婚子女组成的家庭，我们通常称为"核心家庭"。核心家庭的特点是结构简单、关系较稳定、资源较少。随着现代社会的发展，主干家庭有不断减少的趋势，核心家庭的增多就意味着夫妻二人之中需要有人照顾孩子，爸爸、妈妈分工非常明确，基本是爸爸在外面工作挣钱，妈妈在家里面照顾孩子。

目前这种家庭结构形式在学校非常普遍，很多都是全职妈妈每天负责接送孩子。爸爸一个人要肩负起赚钱养家的重任，所以爸爸就觉得自己很辛苦，不仅一天到晚都要忙工作，可能好不容易到了晚上还有加班应酬，有时候回家也会很晚。有的时候丈夫就会觉得妻子在家的工作量非常小，只不过就是接送孩子、做饭以及简单收拾一下家务。

但实际上带孩子这件事既费体力，又考验人的教育智慧。初为父母，社会经验比较少，家中长辈因为各种原因也不能帮忙带孩子，新手家长就需要在实践中摸索着前进。爸爸有时间的时候可能就陪孩子玩一玩，但很少在晚上回家的时候陪着孩子读书，参与孩子的日常教育。

第五章
亲子导航

作为妻子来讲，就会觉得丈夫不负责任，天天在外面，也不管家里面的事情。妻子除了负责孩子的一日三餐，还有收拾家务，照顾老人以及各种各样的琐事。夫妻双方之间长期不交流、不沟通以及互相不理解，就会逐渐地产生各种各样的矛盾。如何化解这些矛盾呢？

首先，解决家长之间沟通合作问题的基础是相互体谅。妻子要体谅丈夫，丈夫在工作领域也要承受各种各样的压力。丈夫也要去主动关心、体谅自己的妻子。女人撑起家里的一片天是非常辛苦的，不仅要有良好的身体素质、心理素质，还要勤劳贤惠、坚持、有耐心。尤其妻子还要花大量的时间关注孩子的教育问题。

妻子怀胎十月生下孩子，她对孩子存在一种特殊的情感，可能在很多教育问题上就会存在"溺爱"的现象。有的时候孩子提出来一些不合理的要求，在孩子的强烈要求下就会妥协，但是从孩子长远发展来看，一味地妥协不利于孩子的长远发展。

相对于母亲对于孩子的宠爱，父爱的严厉可能会让孩子更加敬畏，在很多问题上，孩子由于畏惧心理可能会更加听父亲的话。而此时为孩子付出很多的母亲，更多情况下会管不住孩子，让母亲产生一种委屈以及挫败的心理。丈夫也要体谅到妻子在家庭中所扮演的社会角色所带来的各种心理压力。

其次，解决家长之间沟通合作问题的关键是学会倾听。在沟通之前一定要学会倾听，倾听也是非常重要的。很多人容易沉浸在自己的世界里，总是急切地去关注自己而忽略了别人的感受。当你在与对方交谈时，一定从内心真正地去尊重对方，给对方阐述的机会，不要随意打断别人的话。并且确保在没有外界干扰的氛围下进行谈话，这样互相才能交换意见。很多时候由于男女性格的差异在面对教育问题时会有不同的观点，这个时候一味地争吵解决不了问题，需要夫妻双方之间学会倾听，共同探索促进孩子发展的最佳方式。

最后，解决家长之间沟通合作问题要运用正确的方式方法。在一个家庭当中，夫妻可能分工有所不同。比如，有的丈夫需要承担起赚钱养家的任务，那么就要把大量的时间花费在工作上。而有的妻子则需要承担起照顾孩子的任务，那么就要把精力放在照顾和培养孩子上。但这并不意味着丈夫就可以只顾自己的工作，更重要的还是要扮演好父亲的角色。

一个好妈妈是一所好"学校"，一个好爸爸是一个好"校长"。"校长"需要引领方向，家庭往什么方向发展，孩子要往哪个方向成长，该怎样培养教育，爸爸应给予高度的关注并提供宝贵的意见。不是简单工作、赚钱就可以完成任务。作为丈夫，需要跟妻子一起讨论，共同研究教育方法以及对策，应该怎样保证孩子的健康成长。

作为妻子，在这个过程中应该少一点埋怨。因为当父母言语过多的时候，孩子需要从中选择重点，虽然很多时候家长的抱怨是不经意的，但事实上孩子需要处理很多信息，这也给孩子增加了很大的考验。所以父母在沟通交流的时候应该低声细语，保持一个良好的态度，在这个基础上将想表达的道理传递给孩子。

夫妻之间没有绝对的对与错，爸爸妈妈最大的愿望就是孩子能够拥有一个健康快乐的成长环境。夫妻都是为了把孩子教育得更好，首先应该相互体谅，然后打开自己的心胸，放下各自所坚持的意见，去倾听一下对方在说什么，然后再心平气和地去讨论。这样不但可以避免无谓的冲突，也有利于对教育理念更深入、更广泛的理解，进而找到对孩子最有利的教育方法。同时孩子也会觉得家庭无比温暖，能给他充足的安全感。

> 家庭教育小贴士

家长之间如何沟通合作

1. 沟通合作交流的基础是相互体谅。
2. 沟通合作交流的前提是学会倾听。
3. 沟通合作要运用正确的方式方法。

如何看待家长的要求高于孩子的能力

有一些家长对于孩子的标准会高于孩子的现有能力，这种情况出现后该如何去平衡，又该如何处理呢？实际上这是由于家长对孩子没有进行客观的评价造成的。每个人都希望自己的孩子是一个优秀的人，但是家长要考虑到孩子发展的实际情况，不能拔苗助长。

首先，家长要顺应孩子的自然天性，遵循孩子身心发展的自然规律，给予孩子适当的期望，不可以拔苗助长。俗话说："顺木之天，以致其性。"如果把孩子比喻成一棵小树，家长要根据树的自然成长特性，去帮助孩子成长。

小学有一篇课文叫作《桃花心木》，作者住在乡下的时候，旁边有一个种树的人，他种了一片树，就是桃花心木。说这个种树的人勤快吧，他可能有时候三五天浇一次水，有时候十天半个月也不浇一次水；你要说这个人懒吧，他每次浇水的时候又多带几棵新的小树苗来，这个人肯定知道有一些小树可能就死掉了，他要重新换。所以这个作者非常好奇，一直观察他的行为。

后来他就忍不住就去问这个种树的人，为什么会按照不同的时间来浇水。种树人说如果把浇水当成规律的话，每天或者说三天、五天，周期性地去浇水，树根就会浮在表面，不往地底扎，等着你去浇，这样的话树就不容易成长。

大自然中下雨、降雪都是不定期的，所以他就会隔不同的时间模仿大自然的降水频率给树浇水。当他浇水的时间间隔比较长时，这个树根就得往下使劲地扎，去寻找水，这样它在寻找水的过程当中树根就扎得

第五章
亲子导航

深,树根扎得越深对树的成长越有利。所以他每次给树浇水的时候都会带几棵小树苗,有些无法适应环境的小树苗死掉以后,再换一棵新的树苗。

其实人的成长就跟小树的成长是完全一样的,我们在路边看到有些大树遇到比较大的降雨或者刮大风的时候,会连根拔起。这就说明这种树实际上不是野生的,是移栽的。正是因为它的根没有真正地扎进地里,所以无法经历风雨。但是大自然中,很多自然生长的树没有人类的呵护反而长得非常粗壮健康。孩子们的成长亦是如此,只有顺应自然的规律,学会经历风雨,经得起生活考验的孩子,才会锻炼出一颗独立自主的心。

其次,家长也不能急功近利,要理性看待孩子的发展水平,制定合理的发展目标,遵循孩子的"最近发展区",符合孩子的现有发展水平。有的时候家长要求过高,反而会使孩子压力倍增,影响孩子的学习状态。家长应该从孩子成长的角度出发,考虑孩子的现实发展水平、心理承受能力以及心理健康,对孩子提出恰当的要求,让孩子在家中切实做一些事情,承担必要的责任。

实际上,孩子人生成长的高度是不容易看见的,这种不容易看见的"线",恰恰对孩子的成长来说又起着非常积极的深远意义。如何去平衡这种关系,改变家长的育儿观念,引导家长正确看待孩子的发展水平对于孩子的成长有着非常重要的作用。孩子的点滴进步,都值得父母为孩子喝彩。所以家长不要太着急,尤其是不要急功近利,要理性看待自己孩子的发展能力。

维果茨基的"最近发展区理论"认为学生的发展有两种水平:一种是学生的现有水平即孩子独立解决问题时所能达到的水平;另一种是孩子可能的发展水平,也就是通过教学所获得的潜力。两者之间的差异就是最近发展区。家长在为孩子制订学习计划时,也要着眼于孩子的最近发展区，要符合孩子的现有发展水平，为孩子制定适宜的发展目标，调动孩子的学习积极性，充分挖掘孩子的发展潜力。

> **家庭教育小贴士**

如何看待家长的要求高于孩子的能力

1. 家长要顺应孩子的自然天性，遵循孩子身心发展的自然规律，给予孩子适当的期望，不可以拔苗助长。

2. 家长也不能急功近利，要理性看待孩子的发展水平，制定合理的发展目标。

3. 家长应该从孩子成长的角度出发，考虑孩子的现实发展水平、心理承受能力以及心理健康，对孩子提出恰当的要求。

第六章　心理续航

XINLI XUHANG

第六章
心理续航

为什么孩子会表现出孤独或内向

不同的孩子有不同的个性。有的孩子活泼开朗，有的孩子性格比较内向、孤僻。其实性格内向、孤僻是一个典型的心理问题。性格孤僻的孩子，很少跟其他人交流，甚至可能还会有一些自卑。长此以往，不利于孩子的长远发展。孩子成长需要一个阳光、积极、愉悦的氛围，无论是在学校里还是在家庭中，都应该为孩子创造一种舒适、安逸的成长环境。

孩子会表现出孤独或内向的原因之一在于家长没有树立良好的榜样，没有为孩子营造一个良好的成长环境。父母关系不和谐，没有营造良好的学习与生活环境。有的时候父母之间的关系不够协调，甚至可能会有一些家庭暴力，家庭矛盾较多，会让孩子缺乏安全感。当孩子不安全感积压比较多的时候，家长又不能以一个比较好的方式疏导孩子的情绪，孩子的情绪就不能很好地去宣泄、排解，那么当情绪积压到一定程度的时候，孩子就会逐渐变得内向、孤僻。

孩子会表现出孤独或内向的原因之二是父母的教养方式不当。专制型的父母，给孩子的温暖、培养、慈爱、同情较少。家长比较强势，对孩子有过多的干预和禁止，对子女态度简单粗暴，甚至不通情理，不尊重孩子的需要，对孩子的合理要求不予满足，不支持子女的兴趣爱好，更不允许孩子对父母的决定和规则有不同的表达。

所以当孩子有一件事没有做好的时候家长就会很着急，甚至会指责："这件事情你为什么做不好？你看到邻居为什么不知道叫阿姨？"甚至可能当孩子好不容易克服心理障碍鼓足勇气要去跟别人交流的时候，由于紧张有些口吃，说话不太流利，家长就会批评："你怎么连话都不会说！别人家孩子怎么能说？"家长的这种表达方式会压抑孩子的发展，这类家庭中培养的孩子很可能变得顺从、缺乏生气，抑制创造性的发展。同时孩子也会变得无主动性、情绪不安，甚至带有神经质，不喜欢与同伴交往。

虽然很多时候父母的初衷是希望孩子好，但是家长的方式、方法却用错了。家长很多时候会用自己的标准要求孩子，孩子在尝试很多新事物的时候，可能做得并不像成人那样完美，需要一个慢慢完善的过程。在孩子准备去尝试一些新事物的时候，不仅没有得到家长的鼓励，事情没有做好时还要面对家长的指责。长此以往也会让孩子变得唯唯诺诺，不敢尝试，形成内向、孤僻的性格。

孩子的发展是一个循序渐进的过程，从开始各方面能力发展比较缓慢，到通过练习与重复，慢慢地熟练，家长要遵循孩子成长发展的规律。然而，很多家长由于缺乏教育经验，很多时候没有遵循孩子生长发育的规律，孩子缺乏锻炼与成长的机会。家长以自己的想法为中心，忽略了孩子发展的真正需求，导致孩子有很多委屈跟怨言，又不敢诉说，也不愿意表达，导致孩子变得孤僻。

孩子会表现出孤独或内向的原因之三是由于孩子机体发育成熟所带来的变化。有一些孩子本身很优秀，但是到了一定年龄很多孩子突然间遇到一些自己难以解决的问题，会使性格发生很大的转变，尤其青春期的时候，这样的情况非常多。有一些原来性格非常开朗的孩子，在进入青春期以后就不爱跟别人说话了，表现得也没有那么阳光了。还有一些孩子学习一直都很优秀，面对突然的成绩下滑，自己的成绩又很难提升，这个时候孩子的抗压能力较弱，也容易出现心理问题。孩子在青春期会突然间遇到一些难以排解的问题，或者有了属于自己的小秘密，不愿意与家长或他人交流，逐渐地也会变得内向。

第六章
心理续航

当孩子突然表现出孤独或内向的时候，家长一定要及时跟孩子沟通，帮助孩子疏解情绪。家长一定要特别关注孩子的变化，善于通过观察孩子的言行举止，发现问题。家长要设身处地地站在孩子的角度跟孩子沟通，帮助孩子解决问题。

我年轻的时候曾经带过一个班，其中有个学生让我至今印象深刻。这个小男孩特别优秀，学习成绩特别好，各方面素质也非常优秀。但是突然间到某一个阶段的时候，他开始说话磕磕巴巴，只要一张嘴说话就结巴。刚开始结巴的时候，我就问他："你为什么不能把话说清楚了，本来有能力说好的，为什么会出现这个问题？"

但是我发现提醒他的时候，他反而越紧张。后来，有经验的老教师就说："你问问这孩子是不是遇到什么问题了，或者家里发生什么事情了？"后来通过沟通，我了解到大概几周前，在放学的路上他碰到一群大孩子恐吓他，可能是把他吓到了，留下了心理阴影。孩子觉得这件事情比较丢人，被其他同学欺负了，也不敢告诉父母跟老师，只能自己默默承受，造成心理紧张。在紧张焦虑的情况下，孩子就会出现说话紧张的状态。

为了帮助孩子改正这个问题，后来在他说话结巴的时候我们就采取了消退法，老师不会再刻意地提醒他，他该说什么说什么。大概过了半年的时间，孩子自己慢慢克服了这种心理压力，重新进入了正常的学习状态。其实，那段时间我非常担心这个孩子的发展，原本是一个品学兼优、活泼开朗的优秀学生，由于心理压力导致孩子突然间就变得内向、结巴了。幸运的是，在老师与孩子的共同努力下，最终恢复到以前活泼开朗的状态。有些孩子突然变得内向，沉默寡言，很可能是在学校遇到了一些问题。面对孩子突然间的性情大变，更应该引起家长的重视。

家长一定要跟孩子经常交流沟通，要让孩子主动敞开心扉，乐意与家长沟通分享自己在学校的所见所闻，与孩子沟通的过程不仅是发现问题的过程，更是帮助孩子解决问题的过程。家长也要营造宽松、民主的氛围，为孩子的勇敢表现创造条件，同时也要给孩子提供敢说、想说、愿意说的交往环境，让孩子学会勇敢大胆地表达自己的需求。

家庭教育小贴士

为什么孩子会表现出孤独或内向

1. 家长没有为孩子营造一个良好的成长环境。
2. 父母的教养方式不当。
3. 孩子机体发育成熟所带来的变化。
4. 及时跟孩子沟通，帮助孩子纾解情绪。
5. 营造宽松、民主的氛围。

第六章
心理续航

孩子为什么会知理不讲理

有一些孩子明明知道某些道理，但就是不讲理。孩子为什么会知理不讲理？很多孩子出现蛮横不讲理的现象，就是因为他们有自己的想法，出现这种现象很大程度上也与家长有关。

首先，与家长的教育方式有很大的关系。在面对问题时有些家长对孩子的教育总是以暴力为主。有时候家长的怒气是发泄了，但是孩子可能并没有吸取教训，不仅不利于帮助孩子解决问题，还会对孩子造成负面影响。长此以往，可能会激发孩子的叛逆心理，并激发孩子崇尚暴力解决问题的思想，更会加剧孩子蛮横不讲理的情况。

其次，有些时候家长可能答应孩子做某件事之后，自己就忘掉了，也就出现了我们所谓的"说话不算数"的状况。家长很多时候并没有做到答应孩子、承诺孩子的事情，长此以往，就会让家长失去孩子的信任。

当然，也有很大一部分原因在于家中长辈过分宠溺孩子。有些家庭中父母以及老人对孩子太过宠溺，有求必应。不管孩子提出什么要求，都无条件答应。久而久之，就养成了孩子蛮横不讲理的性格。总是以自我为中心，一旦条件得不到满足，就会出现暴力倾向或者是撒泼现象。

这些现象都可能会导致孩子出现知理不讲理的现象，孩子实际上明明知道这个道理，但不会按照正确的方法去做，并且永远有自己的一套说辞。长此以往，会导致老师和家长在面对孩子出现的问题时更加棘手，更难帮助孩子及时改正。家长再有道理也无法说服孩子，孩子不能从心理上接受家长的行为，这种情况下，孩子的思维只停留在自我意识的层面，很难从心理上接受别人的观点。如何解决孩子知理不讲理问题？

第一，家长要改善教育方法，对孩子的教育要坚持以鼓励为主。因为任何一个人，无论在工作当中做得有多糟糕，他也希望领导能看到他的闪光点，能对自己的工作多一点肯定，多一点表扬。所以，当孩子得不到肯定和鼓励的时候，就会出现我们刚才所说的负面情绪。家长对孩子的教育要坚持以鼓励为主，杜绝使用暴力。

第二，家长要转变教育理念，改善与孩子之间的沟通方法。我前不久接触过这么一个小男孩，长相帅气。孩子在一所国际学校就读，他每次考试基本都是最差的等级。孩子在学校跟同学打游戏、上课不专心听，做了很多让家长老师头疼的事。

后来我跟他沟通了几次，经常聊聊他的学习以及生活。一个学期下来，这孩子不玩手机了，成绩提高了，进步特别大，整个人的状态也改变了。有一次成绩进步非常明显，老师把孩子父母请到学校做教育方法的交流分享，孩子发生这么大的变化，很多人都为孩子的改变感到开心。

孩子为什么会发生这种转变呢？以往孩子出现问题时，父母不从自己孩子身上找问题，出现问题了就安排孩子转学。国际学校的要求相对来说没有公办学校严格，教育体系不一样，周围的孩子也不一样，孩子家庭环境可能相对比较好，会存在相互攀比的问题。

当时家长就跟我讨论要不要把孩子转到公办的学校里面，我认为孩子的成长，并不是换个环境就能够解决问题的，而是需要抓住产生问题的根本原因。

本质问题没有解决，孩子无论换到哪个环境都会出现类似的情况，所以我并不支持转学这种方式。因为他在原先的学校不爱学习，爱玩手机，即使转到一所新的学校里面，如果不改变这个问题再换几所学校也可能继续重复以前的行为。

如果说换学校能够给孩子带来新的开始，家长会感到欣慰；但如果还是过去的状态，转到一所新的学校，是解决不了这个问题的。而且很

第六章
心理续航

多时候，经常换学校可能会打击孩子自信心，无法跟周围人建立良好的人际关系。我跟孩子聊天的时候也问孩子，是否愿意转学。他的回答是否定的，内心不想转学，觉得转学非常丢人。

这样一来我向他提出了几点建议，如果不想转学，需要解决几个问题。

一是玩手机的问题。因为玩游戏容易上瘾，长时间玩游戏不仅对视力会有很大的影响，也浪费了宝贵的学习时间。在家长每天的引导下，他慢慢改变了打游戏的习惯。

二是学习习惯问题。我建议他要找到正确的适合自己的学习方法。到学校的目的就是学习，作为一个学生，要以学习为主。例如，上课该怎样听讲？如果有些单词记不住，或者当时不理解，就应该及时进行标注，利用课余时间请教老师或者自己查阅资料。课上按照老师讲课的思路整理笔记，以最快的速度将老师上课所讲的重点内容记录下来。在课上学习的知识，每天晚上要对照笔记梳理一遍，这个过程实际上就是温故而知新的过程。

我还建议孩子要严于律己。国际学校在英语这方面的要求还是比较高的，平时要利用课余时间多记单词，将学语言的过程当成在真正的情境里面去学习。

孩子听取了我的建议，学习非常有毅力。老师规定一天背60个单词，而他对自己提高了要求，将背诵量提高到80个单词。大概坚持了一个学期，良好的学习习惯养成了，不好的习惯也改正了，学习成绩提高了，也进一步提高了自己的自信心。随着成绩的提高，各科的老师也都表扬他，让孩子对学习的兴趣就更浓厚了，老师与同学也非常喜欢他。

第三，当孩子出现问题时，家长不能一味地逃避，更不能避重就轻，应该站在孩子的角度理解他们。很多孩子出现蛮横不讲理的态度，就是因为他们有自己的想法，家长应该站在孩子的角度思考一下问题，家长自身的缺点应该及时纠正，家中不是"战场"，而应该是温暖的港湾。关注孩子的烦恼和诉求，要和孩子做朋友，不要摆出一副高高在上的姿态。只要站在孩子的角度平等对话，孩子就能很好地接受。

家庭教育小贴士

孩子为什么会知理不讲理

1. 家长要改善教育方法，对孩子的教育要坚持以鼓励为主。

2. 家长要转变教育理念，改善与孩子之间的沟通方法。

3. 当孩子出现问题时，家长既不能一味地逃避，更不能避重就轻，应该站在孩子的角度理解他们。

如何提高孩子的自信心

有些家长提到自己的孩子胆小怕生，不爱跟同学玩，不爱说话，缺乏自信。孩子的自信问题确实是孩子成长过程中非常重要的问题。爱因斯坦曾经说过："谁拥有自信，谁就成功了一半。"自信是孩子成长过程中的精神核心，能够促使孩子充满信心地去面对困难。家长应该如何帮助孩子提高自信心呢？

孩子缺乏自信的原因之一是性格内向，缺乏安全感。很多孩子在幼儿园或者两三岁的时候，都会有这个问题。其实胆小、怕生的这种表现，是由于孩子缺乏安全感造成的。人和人之间是有差异的，一双手，有的手指长，有的手指短。孩子也是一样，每个孩子都有不同的性格特点。有些孩子的性格也是属于内向型的，讲话的时候也会怕生，容易缺乏自信，甚至有的时候小朋友们一块玩，别人把他的玩具抢走，孩子也不会反抗。

孩子缺乏自信的原因之二是缺乏积极的锻炼。从整个人生经历来讲，每个个体都像唐僧去西天取经一样，要经历不同的困难与挫折。只有在面对问题与挑战的时候不断地尝试与坚持，提高内心的承受能力，才能逐渐提高自信。有些孩子畏惧在陌生的场合说话，缺乏自信，主要原因就在于缺乏积极的锻炼。有的孩子通过不断的锻炼，能够逐渐提高自信心，可以跟几个小朋友玩到一起了。有的孩子性格虽然比较慢热，但是只要慢慢地熟悉了环境，通过锻炼也可以逐渐地获得自信。

孩子缺乏自信的原因之三是家长过多批评。一方面就像我们刚才所说的，有的孩子天生对大自然接受适应能力强一些，有的孩子接受能力弱一些，与人交往的时候性格比较慢热，需要慢慢地熟悉环境。孩子缺乏自信，很多时候跟家庭的教育环境以及教养方式息息相关，有时候与家长对孩子的教育观念、提供的平台也是直接相关的。很多时候家长对孩子的期望太高，喜欢把自己的孩子与别的孩子作比较，认为自家的孩子比不上别人的孩子，经常批评孩子，就会给孩子的心理造成创伤，让孩子养成遇事退缩的毛病，也是缺乏自信的表现。

首先，要鼓励孩子去尝试新事物。孩子具有好奇心和初生牛犊不怕虎的劲头，每一次家长不经意的鼓励就会激发孩子下一次尝试的兴趣。孩子在每一次的尝试与探索之中，会逐渐找到自己的兴趣爱好。不仅能够提高自身人际交往能力，也会进一步增强自身的言语表达能力和自信心。

这时候家长不需要刻意去培养孩子哪一方面的自信，孩子在一次次锻炼中已经逐渐形成了这种自信。这种内化的自信最终也会形成外显的行为，并在一次次尝试中进一步鼓励孩子去尝试新的事物。家长可以在确保孩子安全的情况下，培养并鼓励他们尝试并接受各种新鲜事物。这样做不仅丰富了孩子的经历，也培养了积极的态度，从而增加自信。

其次，要及时地肯定和表扬孩子。当孩子去努力尝试一件事情的时候，家长应该做的就是及时肯定和表扬孩子的行为，让孩子知道尝试是一件勇敢、正确的事。人的自信需要外界的认同和赞赏，倘若孩子的某一行为得到外界的肯定，孩子也会逐渐增强自信。

孩子自信形成的过程中，离不开家长的肯定和赞扬。有时候家长带孩子在小区散步的时候，会让孩子有礼貌地向小区里的邻居打招呼。孩子在刚开始的时候可能会拒绝，会不好意思，但是如果你坚持让孩子养成这种习惯，被打招呼的邻居又夸赞了主动打招呼的孩子，此时得到肯定的孩子在下一次打招呼的时候就会更加自信。长此以往，就会培养

第六章
心理续航

出孩子乐观开朗、主动积极的性格。

最后，要培养孩子的独立性。在孩子很小的时候，跟别人打招呼时他会很听话；但是随着孩子慢慢长大，再让他打招呼反而会被拒绝了。这实际上是孩子成长的一个表现，应该慢慢地鼓励他，耐心地教导他，而不是孩子不想做的事情就不让他做了。

现在教育存在很大的问题是孩子想怎样就怎样，家长一味妥协。但是在后期家长要求孩子做一些事情的时候，孩子开始变得逆反，所以家长教育孩子的时候要有智慧，要观察孩子的情况，循序渐进地引导孩子。

家长也要敢于放开孩子的手，不要让孩子一直处于自己的保护之下。父母对孩子的爱是伟大的，表现在即使父母再爱孩子，希望孩子能在自己身边，但是也不得不将孩子推出去进行自我适应与成长。这个过程是艰难的，但对孩子也是有好处的。因为每次将孩子推远一点，孩子的成长就会多一些，推得再远一点，孩子的成长步伐就会更大一些。如果一直把孩子留在身边，搂在怀里，虽然会让孩子感觉到熟悉和安全，但会让孩子失去锻炼的机会，当他接触新事物的时候，就充满了很多的不确定因素，孩子的适应能力就会欠缺。

斯科特·派克在《少有人走的路》一书中写道："自信须从幼年培养，不然成年后再作补救，往往事倍功半。"所以家长对孩子的教育观念，应该是培养孩子的独立性，并且让每个孩子都抬起头来走路。让孩子对自己、对未来、对所要做的事情充满信心。假如每一个小学生都有这样的心态，肯定能不断进步，成为德智体美劳全面发展的好学生。

家庭教育小贴士

如何提高孩子的自信心

1. 鼓励孩子去尝试新事物。
2. 及时地肯定和表扬孩子。
3. 要培养孩子的独立性。
4. 敢于放开孩子的手,增加孩子锻炼的机会。
5. 培养孩子乐观开朗,主动积极的性格。

第六章
心理续航

孩子开学焦虑怎么办

情绪低落、发脾气、浑身疲劳、注意力不集中、记忆力减退、失眠等，有的甚至还出现头痛、胃痛等身体不适症状……每每临近开学，总能接到一些家长关于孩子出现以上症状的求助。寒假、暑假里，孩子会慢慢习惯放松的频率，突然间开学的这种改变会打破原有的一种频率，孩子此时会出现心理变化，焦虑情绪也会由此在开学前后集中爆发。焦虑不是洪水猛兽，我们只有看清它的本质，才能慢慢化解它。

焦虑，是准备不足带来的身体甚至心理上的一种反应。

焦虑这件事，很多时候是大人给孩子传递的。大人要面对送孩子上学这件事，要给孩子做早餐，督促孩子起床，自己还要上班，准备不足的时候会带来慌乱，这种慌乱就会带来心理上的影响，这个影响多多少少会传递给孩子。比如孩子起床，妈妈就会很着急地催促："快点，抓紧时间，一会儿又该迟到了，赶紧吃早餐。"其实孩子刚刚起床的时候，胃口还没有醒，不一定吃得下早餐，非让孩子吃不进去也要吃，所以孩子的举止会表现为动作慢、不想吃饭，这个时候又会引来家长更急促地催促。次数多了，就会对孩子的心理产生消极的影响。

有的时候，大人在和孩子交流的过程中，常常是出于自己的需要，而非孩子的内在需求。我们学校有一个学生的妈妈是全职妈妈，每天早上送孩子上学之后，孩子进校门都会有些小情绪。后来我们观察发现，孩子到校门口后，家长都会说："和妈妈抱抱亲亲吧。"然后孩子一亲一抱。就是这么一个送别的场景和动作，让孩子有些许不适，最终影响到孩子上学的情绪。虽然是个案，但事实上常常是父母出于自己的需要，觉得需要在孩子进入学校的时候和孩子有一个肢体上心理上的呼应，但是对于孩子来讲，他渴望有成长的空间，需要独立的机会。因此，家长要善于管理自己的言谈举止，不然会在无意识中将焦虑的情绪传递给孩子。

还有一些焦虑是由于父母没有读懂孩子而产生的。

学校有一些短期出国游学、交流的项目，有的学生很乐于参与，而有的学生却对此有抵触。我们发现，不少家长会劝有抵触的孩子说："你去吧，十几天很快就过去，在那边上课跟玩儿一样，也不用写作业……"家长拿"不写作业、天天在玩儿"这些条件诱导孩子，单方面认为这是孩子喜欢的方式，但其实孩子不是这么想的，孩子心里想的是："我要离开家了，我要进入陌生的环境了。"

孩子对出国游学的恐惧感、不安全感才是焦虑的根源。如果家长仅以没有学习压力作为开导方式，显然难以获得效果。后来我就和家长进行了深度交流。首先让家长意识到这样的教育是有问题的，家长要告诉孩子，你往出走的每一步，都是代表你的强大，比如说刚刚出生的时候你根本离不开妈妈，慢慢地，妈妈要上班了，你就要离开妈妈，由奶奶或者姥姥带，你上幼儿园了又跟奶奶、姥姥、妈妈产生一段更大的距离……往前走的每一步，都意味着你的成长和进步以及独立，你要变成男子汉了，要变成自食其力的人了。在孩子焦虑的时候，父母读懂孩子的内心需求，并给予适当的鼓励，就会带给孩子克服焦虑的勇气与能量。

还有一种焦虑，源于家长的标准。

比如爸爸妈妈学历很高，自己很优秀，但是他接受不了自己的孩子在某个时间段里不够优秀，所以家长就会焦虑，给孩子报各种培训班，盯着孩子写作业，等等。在这个过程中，他也把自己内心的烦躁传递给孩子了。

第六章
心理续航

有些家长对孩子的作业采取了紧盯的策略，孩子的字稍微写得有些不满意，就会要求擦掉重写，直到写到满意为止。这种教育方式之下，孩子的压力可想而知。

很多家长就简单粗暴地训斥孩子写字不认真，字迹潦草，殊不知，写字也蕴藏着大学问。写字写得好与坏，可能与孩子的"精细肌肉发展"有关。"精细肌肉发展"指的是，个体主要凭借手以及手指等部位的小肌肉或小肌肉群的运动，在感知觉、注意等多方面心理活动的配合下完成特定任务的能力，它不仅是个体早期发展的重要方面，而且是个体其他方面发展的重要基础。写字是肌肉和大脑共同协调的一个过程，当精细肌肉发展协调时，孩子在写字时就能很好地控制手部力道和角度，这样写字当然就好看了。而写字写得不好的孩子，那是因为在正式学写字之前，很少锻炼自己的手部灵活度，导致精细肌肉发展不协调，写字时就不能很好地控制自己的手部动作，写出来的字自然也不端正。

在这个过程中，一定不能伤了孩子。什么叫"伤"呢？你吃多了一个东西，总吃总吃，就不想再吃了，就伤掉了，这是最简单的道理。

今天写不好，明天比今天写得好一点，后天再好一点，随着动作的熟练，孩子写字一定会越来越好的，这是必然的。但如果一下给弄伤了，孩子再面对学习，心理上就有压力了。

另外还有一种焦虑，源于孩子对自身能力不足的担心。

我曾接触过一个孩子，他可能惧怕一些完成不了的事情。比如他写作业的速度比较慢，在课堂上，他就会担心："我写得慢，会有什么后果？"心里的忐忑，无形中给自己施加了很多压力。

随着学业压力的增大，这个孩子的焦虑程度与日俱增。因为写作业慢，晚上他和妈妈说："妈妈，明天早上4点叫我，我要把语文的功课温习好。"妈妈嘴上应和着，但是心想，对孩子来说，4点起床根本就不现实，后来等到6点多叫孩子起床的时候，孩子大哭大嚷："你为什么不叫我?"妈妈的叫醒成了导火索,孩子虽然发泄了,但是却没有解决焦虑的根本问题。

花开有先有后,开窍有迟有早。有的孩子启蒙早,各方面能力也比较突出;有的孩子启蒙比较晚,综合能力相对弱一点。对于稍微落后的孩子,这种学习任务对他来说,就会觉得是负担,久而久之就会带来焦虑。后来,语文老师了解到孩子的情况后,采取了有针对性的帮扶措施。老师鼓励他不要着急,帮助孩子一点点地把学习内容进行拆解,制定一些可达到的小目标,然后分步去实施。当孩子取得进步时,老师会及时给予鼓励,让孩子慢慢树立自信心。

当发现孩子开学焦虑的时候,家长和老师要有很好的沟通,沟通好了之后共同去鼓励孩子、引导孩子。人成长的过程,就是逐渐建立自信、一点点提升能力的过程,这会让孩子能够越来越独立、越来越好。这个过程,我们不要简简单单地通过某一次作业、某一次考试,甚至某一次交流得不通畅进行评判。

导致孩子焦虑的原因还有很多,其实每个孩子都会面临这个问题。即使今天做得不好,但通过努力,明天可以变得更好,如果孩子一直保持这样的过程、这样的心态,就不会焦虑。

焦虑的家长+压抑的孩子=两败俱伤的教育!家长朋友们,当我们面对孩子成长时,不妨先平复自己的情绪,坦然面对生命成长的不确定性,同时也给孩子多一些时间,静待花开。

家庭教育小贴士

孩子开学焦虑怎么办

1. 焦虑是准备不足带来的身体甚至心理上的一种反应。
2. 有一些焦虑是由于父母没有读懂孩子而产生的。
3. 还有一种焦虑,源于孩子对自身能力不足的担心。

第六章
心理续航

4. 花开有先有后，开窍有迟有早。有的孩子启蒙早，各方面能力也比较突出；有的孩子启蒙比较晚，综合能力相对弱一点，因此，家长要有静待花开的定力。

5. 当发现孩子开学焦虑，家长和老师要有很好的沟通，沟通好了之后共同去鼓励孩子、引导孩子。

家庭教育中，如何尊重孩子的隐私

何为隐私？《现代汉语词典》将其解释为"不愿告诉人或不愿公开的个人的事"。对于孩子来说，就是自己有属于自己的小秘密，不愿被别人知道。有小秘密的背后反映出孩子的心理发展已经开始逐渐成熟，希望能有属于自己的空间，不希望再被父母约束，这实际上是孩子成长的标志。

随着科技的发展，现在的孩子基本上每个人都有一部手机，目前聊天软件也很发达，六年级的孩子基本上都有自己的社交账号，像微信以及QQ等都是非常普遍的社交工具，很多孩子也会有自己的朋友圈。频繁地接触网络，很多家长担心孩子在这个年纪受到网络不良言论的影响，接触到一些不好的事物，所以想通过各种形式打探孩子的隐私，那么是否提倡这种行为呢？

很显然，这种行为是不被提倡的，父母应该尊重孩子的隐私。当孩子是婴儿的时候，会有隐私吗？很显然，这个时候的孩子并没有什么隐私，隐私会随着孩子逐渐长大而出现，这意味着孩子需要拥有私人空间。

很多家长想要去关心、了解孩子的初衷是好的，但是有时候采取的方式并不妥当。采取用赤裸裸的方式去了解孩子，甚至用自己的地位去威胁孩子，"因为我是你爸爸，我是你妈妈，所以你拥有的一切都是属于我的，你所有的想法也应该与我分享"。这种心理不仅不会拉近与孩子之间的距离，反而会恶化家长与孩子之间的关系。

随着孩子慢慢长大，有了自己的空间，有了自己的朋友圈，有了越来越多自己的想法，产生了一些不愿意与家长分享的小秘密，会通过写

第六章
心理续航

日记或者是聊天的形式跟朋友分享自己的秘密。这个时候，家长就会觉得孩子与自己产生了隔阂，家长对孩子的期待与现实产生了落差。

很多时候，孩子宁愿通过写日记来记录自己的情绪，宁愿跟同学聊天也不愿意主动跟家长交流。有些活动，孩子是不希望被家长发现的，因为孩子很多的兴趣爱好被家长发现以后，家长就会想方设法地让孩子放弃。可是家长又偏偏对这一部分内容非常感兴趣，担心孩子在成长过程中和不恰当的人交往，于是想通过"偷窥"的形式了解孩子更多的信息。

这种方式，显然是不对的。青春期的孩子本身就比较敏感，随着生理以及心理的发育，孩子拥有了更多的自主意识，需要更多隐私空间，需要自己的世界。

但很多时候，家长跟孩子沟通交流的方式不对。认为孩子跟异性走得近就是谈恋爱了，然后气势汹汹地说："你们不能早恋！"孩子刚打开游戏的目录，或者想玩一会儿放松一下的时候，家长就会说："你不能玩游戏，赶紧去学习！"孩子一遇到什么问题，家长就采用粗暴的方式一棒子打死，于是孩子不想让家长知道的事情就会越来越多，孩子的隐私也一定会越来越多。

早恋问题是孩子重要的隐私问题，也是很多家长关注的问题。其实青春期对异性产生吸引力、好感，是一件特别正常的事儿。作为家长的我们也经历过青春期，看见同年级的男生长得帅也会多看几眼，同样男生看同年级有个漂亮女生也会多看几眼，这都是特别正常的异性之间的吸引力。

现在孩子营养补充得好，身心发育都比较早，各方面的社交媒体又接触得非常多，孩子产生这种情感，太正常不过了。别说孩子，很多成年男士在大街上看见一个很漂亮的美女，也会多看几眼的。可能他已经组成了家庭，但是他多看美女几眼并不代表他品行恶劣，不忠于婚姻。

爱美之心人皆有之，这种行为本身应该是被理解的，所以发生在孩子身上没有什么可质疑的。

当孩子面临早恋问题时，家长应该怎么办？很多家长表示，自己害怕去想这些问题，例如有关性的问题、生命的问题，家长不知道如何跟孩子开口。跟孩子讲解这些问题，并不是提倡孩子早恋。青春期活跃的荷尔蒙使得青少年产生了对异性的好奇与兴趣，这是身体发育以及生理发育的结果，让孩子理性看待这个问题，能够从容地面对自己情感的变化。

很多人都很反对男生跟女生之间的接触，说这不行那不行，男女生之间的接触会出现很多问题。在孩子成长的过程中，家长不要避讳谈早恋问题，要合理引导。"早恋"是难以抑制的，合理的男女生交往是有必要的，过度遏制也不利于青少年成年后的情感发展。首先，要让孩子了解自己的身体发育，明白男女生交往的底线，什么事情是不可以做的。其次，在这个底线之上，家长可以赞成男生与女生之间的正常交往，要鼓励孩子互相学习对方的优秀品质，共同成长，相互帮助，互相学习，寻找共同的奋斗目标，从而促进二人学习成绩的提升。家长要引导孩子正确认识与异性交往的事情，还要引导他们在正常交往中理性进行情感交流。

卡耐基说："如果你想成为善于沟通的人，那就先做善于倾听的人。"倾听并不只是用耳朵听，更是用心理解孩子的想法。所以交流和理解还是必要的，当孩子拥有各种小秘密的时候，作为家长首先要做的就是尊重孩子的想法，倾听孩子的诉求。同时也要学会运用方法引导孩子，使孩子能够敞开心扉，表达自己的思想。长时间的不沟通会让家长和孩子之间的距离越来越远，甚至很多的家长和孩子之间会产生冲突。在交流、理解的基础上要给孩子树立明确的规则，哪些事情能做，哪些事情不能做，哪些事情要尝试去做，家长要给孩子提出针对性的建议。

第六章
心理续航

漠视孩子隐私与人格尊严，不仅难以起到好的作用，反而会激化亲子之间的矛盾。家长要尊重孩子的隐私，维护孩子的隐私，还要学会保护孩子的隐私，促进孩子未来的健康成长。

家庭教育小贴士

家庭教育中，如何尊重孩子的隐私

1. 孩子成长的过程当中，家长不要避讳谈早恋问题，要合理引导。合理的男女生交往是有必要的，过度遏制也不利于青少年成年后的情感发展。

2. 家长首先要做的就是尊重孩子的想法，倾听孩子的诉求，进行合理的交流和沟通。

3. 家长要学会运用方法引导孩子，使孩子能够敞开心扉，表达自己的思想。

当孩子叛逆期来临，家长怎么办

　　破坏性强、固执己见、情绪反应激烈、不爱读书、主观意识增强，喜欢和父母唱反调……随着孩子的成长，心理也会逐渐成熟，会逐渐出现叛逆期的种种表现。很多家长都曾经为叛逆期的孩子烦恼过，作为家长，应该怎样理性看待叛逆期呢？

　　男孩女孩都有叛逆期，在孩子2~4岁的时候会经历一个逆反的时期，这个时候孩子的表现是要求行为活动自主和实现自我意志，反抗父母控制。到青春期的时候会出现第二个叛逆期，这个阶段的孩子在行为上的反抗更加激烈，内心更加冷漠，与父母之间的关系会变得十分恶劣。

　　产生叛逆心理的原因，主要是随着孩子不断成长，有了越来越多的自主需求，自己的本事也越来越大了，孩子认为自己已经具备了独立处理问题的能力，认为"这件事我要这样去做！"但是家长认为孩子不具备理性处理问题的能力，家长认为，"你不行，你还小，你不能这样去做"。孩子的诉求与家长之间的观点产生了矛盾，才会产生叛逆心理。

　　刚出生3个月的孩子，家长让孩子去做某件事情，孩子基本上不会违背家长的意志，因为这个时候孩子身体的发育，不足以让他有这个能力去做这个事情，或者说没有这种意识。但是等到孩子一两岁，当他产生自我意识的时候，开始拒绝妈妈给自己挑选的礼物，产生与父母的决定相反的意愿。

　　叛逆期是孩子成长过程中要经历的一个阶段，实际上这个过程就是孩子成长的表现。孩子以前没有经历过叛逆期，但是每位家长都是从这个阶段过来的。家长要理解孩子的行为，当家长能够站在孩子的角度理

第六章
心理续航

解孩子的时候，就能够理性地去看待这件事。否则面对孩子这种叛逆的时候，往往是感性的，大吼大骂只能当时压制这个问题，并不能从根源上解决问题，以后很有可能会引发其他形式的问题。

最近有个案例，有一位家长因为孩子不听管教，一怒之下，在学校门口公然打孩子，孩子当着诸多同学的面被家长打哭。我听了以后特别气愤，因为家长打孩子的事件背后，就反映出家长对孩子叛逆行为的无可奈何，缺乏教育智慧。但凡家长有一点办法，也不可能选择在大庭广众之下用这种方式去对待孩子。

很多家长都说自己的孩子是上帝派来折磨自己的，很多家长在面对问题时更多的时候是会产生一种无奈感，对孩子的哭闹不知所措，打也打不得，骂也骂不得，最后暴跳如雷，不知道怎么样去教育孩子。现在很多家长都是"80后""90后"，家长要跟孩子一起成长，孩子在不同年龄阶段会出现不同的问题，家长要运用自己的智慧慢慢引导孩子去解决问题。如果家长觉得自己缺乏这种教育能力，就要通过各种形式主动学习教育方法，要做好心理准备，去面对孩子的叛逆行为，理性地去对待孩子的行为。

无论男孩女孩，无论你的孩子有多优秀，都会经历所谓的叛逆期，所以当你的孩子发生这种情况的时候，并不奇怪，这是孩子成长必然要面临的问题。我的孩子是个男孩，在他还没有到叛逆的年纪的时候，可以说是一个听话的孩子，善解人意的同时又有自己的主张，非常能够理解人，很能包容他人。但是在我印象当中，他也经历过叛逆期。

在他大概12岁的时候，有一次我在家里收拾东西，发现有几个不用的纸盒子，我就跟孩子说："你把这个纸盒子扔到楼下去。"他说："妈妈，能不能待会儿再扔。"他那个时候手里边可能做着他自己的事情，我在收拾东西也没有细看。但当时在我看来也不是非常重要的事情，所以我又跟孩子说了一遍："你现在就下去扔了吧，省得堆在那儿，占用空间，走路容易绊倒。"

当时我可能就是下意识的强迫症，想让儿子立马扔下去。但是儿子第二次拒绝了我："妈妈，能不能待会儿再弄？"我就没再说什么，我自己有点不高兴，但是也没有特别埋怨他，我就自己要拿着纸箱下去，他一看我动了之后又觉得不合适，就赶紧就从我手里抢过去送到楼下去了。

儿子下楼之后，我等了很久孩子也没有回来，我就到电梯口去找儿子。我们家住12层，我看着电梯都已经上到13层了，孩子怎么还没上来啊？然后我刚准备回家穿上衣服出去找儿子，发现他坐在沙发上大口地喘着粗气，气呼呼的，一脸不开心的样子。

我问儿子："怎么上来的？"儿子说："我爬楼梯上来的。"我接着问："你走楼梯上来了，为什么不跟妈妈说一声？"儿子没有回答我的问题，接着反问我："为什么纸箱子不能过一会儿再扔，非要现在扔？"

后来这件事情突然让我意识到，孩子长大了，有了自己的计划跟想法，我应该尊重他的想法，而不是强迫他去完成我的意愿，我自己很多的教育理念也应该转变。随着年龄的增长，孩子会拥有越来越强烈的独立自主意识，他们想要把自己的人生掌握在自己的手中，他们开始向自己的养育者提出自己的诉求，希望能做更多的事情表现自己。比如家长在嘱咐孩子上学时别忘了带作业，孩子会说："我知道，你不用说了。"

很多家长都会遇到这个问题，看到邻居的时候，就让孩子很有礼貌地"叫叔叔""叫阿姨"，其实有时候家长不用说这句话，孩子也知道要"叫叔叔""叫阿姨"，但是他正想要叫的时候，你这句话出来了。孩子的心理就是，我长大了，完全可以说这个话，你为什么还要提醒呢？

这个时候家长要学会适度地放手，孩子能说的话、能做的事情都鼓励孩子去做，尊重孩子的想法。如果你认为孩子这个想法确实有偏颇，要把道理讲通，讲透彻，让孩子理解为什么这件事不能按照他的想法做，不要低估孩子对信息的接收能力，很多孩子的感受能力比我们大人要强

第六章
心理续航

得多,要准确得多。

所以当面对孩子的叛逆行为时,作为家长,要理解孩子的这种行为,别与青春期的孩子较劲。同时家长也应该根据孩子的行为表现,妥善地处理与孩子之间的关系,做好孩子成长航程中的舵手,放手但不放纵,让孩子去寻找自己,找到真正的自己,帮助孩子度过叛逆期。

家庭教育小贴士

当孩子叛逆期来临,家长怎么办

1. 家长要理解孩子的行为,当家长能够站在孩子的角度理解孩子的时候,就能够理性地去看待这件事。

2. 家长通过各种形式主动学习教育方法,要做好心理准备,去面对孩子的叛逆行为,理性地去对待孩子的行为。

3. 家长要做好孩子成长航程中的舵手,放手但不放纵,让孩子去寻找自己,找到真正的自己,帮助孩子度过叛逆期。

如何从吃亏中找到教育契机

现在的孩子大多都是独生子女，是全家的宠儿和期望，所以很多家长特别担心自己的孩子吃亏，总害怕孩子受委屈、受挫折。

在真正触及个人利益的时候，大多数人心里都不愿意作出退步，尤其是触及自己孩子利益的时候，更不会作出让步。但是人生很多时候都是在吃苦与吃亏中成长的，吃亏背后能够总结出成长的经验和教训。

第一，培养孩子的分享意识。一个自私的人在未来是不会有大的成就的，而那些学会分享的孩子，平时懂得关注别人、喜欢贡献的孩子才有可能在社会上获得更多人的帮助和理解。当然，他们也相对更加快乐。

例如，孩子们一起玩儿玩具，一个孩子主动把自己的玩具让给同伴，旁边家长可能很不理解，你自己也喜欢玩，为什么会让给别人呢？孩子把自己的玩具让给别人玩的这个过程中，他自己也收获了给予别人快乐的喜悦，吃亏的背后其实是一种分享，分享的结果就是大家都开心，都会获得愉悦的体验。

常言道：吃亏是福，吃苦是贵。"孔融让梨"的故事想必每个人都耳熟能详，孩子要向古人学习，与人相处要懂得礼让，学会分享，不要你争我夺。只有不怕吃亏，人与人之间的相处才会更加美好。

第二，鼓励孩子多与同伴交往，培养孩子的宽容意识。宽容之心是在交往活动中培养起来的。孩子只有与人交往，才会发现每个人都存在缺点，都会犯或大或小的错误。有了这些体验，孩子才会明白只有学会容忍别人的缺点和错误，才能与人正常地交往，友好相处。

只有通过交往，孩子才能体会宽容的意义，体验宽容带来的快乐。

第六章
心理续航

人生活在社会这个大家庭中,生长与发展跟整个社会息息相关,没有一个人是孤立地成长,只要生活在世界上,必然会跟社会上的其他人产生联系,孩子是在与人交往的过程中慢慢成长起来的。因此任何一个人的成长都不能简单地说就是个体努力的结果。

第三,家长要教会孩子学会换位思考。金无足赤,人无完人。有缺点和不足是人性的必然。在人与人交往过程中,要注重换位思考,当双方产生矛盾时,能够站在对方的角度思考问题,理解他人,减少很多不必要的矛盾。

在与同学的交往过程中,要容忍朋友的缺点和不足,不要斤斤计较。帮助有困难的朋友,采纳别人的合理建议。在交往的过程中,宽容别人,理解他人,孩子不仅能够收获喜悦,也可以获得友谊,实现自我成长。

例如,两个学生因为生活中的小事吵架了,一气之下其中一个孩子把另一个孩子的玩具摔坏了,两个人最后不欢而散。事后回到家中,摔东西的小男孩冷静了下来,思考过后觉得自己的行为确实存在不妥,意识到错误以后就去主动跟另一个孩子道歉了。另一个孩子最后也原谅了弄坏玩具的孩子。对于被弄坏玩具的孩子来说,他虽然接受了道歉,但是自己玩具再也修不好了,实际上最后确实是他吃亏了。但是他能够接受别人的道歉,实际上就是一种宽容,更是一种人生格局。

宽恕需要练习,这是人生的功课。家长要让孩子主动地去帮助别人,主动地分享,其背后是一种更大的人生格局。

第四,家长要树立正确的教育理念。很多家长不只是教育孩子不吃亏,还想尽办法占便宜。有的家长为了让自己孩子当个班干部,想尽各种办法找班主任,想通过不正当的手段赢得班干部的职位。

孩子的成长本应是一个自然发展的状态,如果他的能力能够匹配职位,很多时候不需要家长的干涉,这个位置就能够顺理成章地属于孩子,凭着自己能力和水平竞选班干部,比用不光彩的方式得到的要更加有价值。但是如果孩子能力不配位，没有能力为班级其他同学服务，不能做好老师的小助手，即使这个位置家长帮助孩子得到了，孩子也不能胜任这个岗位。

例如，竞选中队长、大队长的时候，候选人有很多。胜出的一方理所应当得到了自己想要的岗位，落选的同学可能因为差几票的原因并没有选上，但是也不代表落选的孩子不优秀。

对于落选的学生来说，通过这次落选的体验，能够了解自己哪些方面做得不够好，并在以后的学习过程中不断地改正和提高。收获很多别人没有的经验，落选者也能够得到内心的成长。人生当中有很多不如意的地方，一个孩子在面对困难与挫折的时候能够做到勇往直前、不畏困难就已经非常优秀了。

人类无时无刻不在享受大自然以及社会的馈赠，所以孩子终究有一天要学会回馈社会。家长的教育格局要大一点，鼓励孩子从眼前的小事做起，不要怕吃亏，要学会主动帮助他人，乐于奉献，为社会创造出更大的价值。

家庭教育小贴士

如何从吃亏中找到教育契机

1. 培养孩子的分享意识。
2. 鼓励孩子多与同伴交往，培养孩子的宽容意识。
3. 家长要教会孩子学会换位思考。
4. 家长要树立正确的教育理念。

第六章
心理续航

如何培养孩子的感恩之心

俗话说："滴水之恩，当以涌泉相报。"感恩是一种积极向上的思考和谦卑的人生态度，也是一种充满爱意的行动。一个不懂感恩、不知报答他人和社会的孩子，很难拥有完整的人格和健康的心灵。

苏联教育家苏霍姆林斯基曾说："良好的情感是在童年时期形成的，如果童年蹉跎，失去的将无法弥补。"小学阶段是形成良好情感的重要时期，开展感恩教育不仅有利于孩子身心健康，而且有利于建立和谐的人际关系，使孩子养成与人为善、助人为乐的品德。

第一，家长要做好榜样，让孩子学会感恩。现在很多孩子特别喜欢以自我为中心，缺乏感恩的意识。究其原因，就在于目前很多家庭都是独生子女，家长想把最好的一切都给孩子，由于父母以及爷爷奶奶一味地溺爱与给予，让孩子养成了自私自利的性格。在孩子成长的过程当中，他不自觉地会以自己为核心，认为自己享受的一切都是理所应当的，从不体谅父母的艰辛，不知道父母的生日，不顾家庭生活困难，盲目攀比，缺乏感恩的意识，更不知道回报。

羊有跪乳之恩，鸦有反哺之义。人更应怀有一颗感恩之心，只有心怀感恩，世界才会美好，生活才会快乐。要让孩子学会感恩，家长首先应该是一个懂得感恩的人，在家庭教育中，家长要重视自己的言传身教。榜样的力量是无穷的，家长应在日常生活中以身作则，孝敬长辈。每次吃饭前，先让老人入座，爷爷奶奶、姥姥姥爷入席坐好以后才能开始吃饭。家长还可以带领孩子多去敬老院参加一些实践活动，通过参加社会公益活动和爱心捐助活动等，不断发挥家长的榜样示范作用，从而影响和带动孩子，让孩子在潜移默化中受父母感染，学会感恩。

第二，善于引导孩子学会换位思考。家长要让孩子去了解怎样去尊重别人，让孩子能够站在他人的角度考虑问题。孩子在学校要面对同学、老师，走向社会要面对更多不同的群体，如果孩子在家庭中过于以自我为中心，那么到了社会上就会被别人孤立，没有一个人愿意跟自私自利的人交朋友。

家长可以运用移情的方法，让孩子将自己置身于他人的处境，为他人着想，培养互助、分享、谦让和感恩的行为。例如，家长可以让孩子尝试做家务，体会父母的艰辛。很多时候孩子觉得父母刷碗、做饭这种工作非常的轻松，每天父母做完饭，孩子吃完饭就跑到一边去玩了。殊不知，父母做这些工作的时候是非常辛苦的。家长可以在孩子做完作业以后，给孩子安排适当的家务活，让孩子在做家务的过程中去体验每天父母的辛劳。

当孩子能够换位思考的时候，就能够了解父母为了让自己过上衣食无忧的生活，为自己的成长，付出了巨大的努力。孩子就能够站在父母的角度去想问题，他就会体验到父母养育自己的辛苦，体会到父母对自己无微不至的爱，从而对父母产生感恩之情。当孩子学会了换位思考，就能够站在老师、同学、伙伴的角度去思考问题。通过换位思考，感受对方的情绪，孩子就能够知道自己应该怎样去善待他人，怎样去感谢对方，进而培养孩子的感恩之情。

第三，家长要教育孩子学会尊重他人，引导孩子学会表达感恩之情。教育的过程有教导的过程，也有孕育的过程。教育的时候一般都是传授理性的知识，孩子当时不一定能领会其中的道理，但是慢慢地在实践中就会逐渐领悟。

对于需要感谢的人，首先在言语上要表达出感谢之意，要注意培养孩子感恩的习惯。父母要教育孩子表达自己的感谢之情，鼓励孩子多使用"谢谢"等感谢类词语，感谢别人的方式可以是一句温暖的问候、一件小小的礼物、一张小小的贺卡，要让孩子在实践中学会知恩、感恩、报恩。

如果没有感恩，就无法体会彼此的好意在互动之间是多么的幸福，也很可能无法再继续得到对方的恩惠。要让孩子明白"投我以木桃，报之以琼瑶"的道理，对别人给予自己的，哪怕是再微不足道的帮助和关怀，也不要忘记心怀感恩。

其次，家长也要教育孩子在行动上体现感谢之意。要营造一个自由平等、健康快乐的家庭氛围。孩子的到来，意味着家庭中增添了一个新的成员。我们要把孩子当成一个平等的个体，尊重孩子的人格，从小培养孩子的长幼意识，学会尊老爱幼并培养感恩的品质。

要教育孩子，有了食物或者有了自己喜欢的东西的时候，要跟别人分享。在分享的过程中慢慢地培养孩子感受分享的快乐，以及帮助他人的成功感，增强孩子的快乐体验。同时，家长要教育孩子学会懂礼貌，对爸爸妈妈、爷爷奶奶说话要用您；跟自己的长辈、叔叔阿姨以及客人说话要用您、您好等一些礼貌用语。家长在教的过程当中，也要不断地去鼓励孩子，强化孩子的感恩行为。

感恩，是中华民族的优良传统，也是一个人的基本品德。感恩这件事情是感化教育，需要家长在日常生活中慢慢引导孩子。家长要把握每一次感恩的机会，注重言传身教，注重细节，培养孩子的完整人格。希望所有的孩子都能学会感恩，善于感恩！

家庭教育小贴士

如何培养孩子的感恩之心

1. 家长要做好榜样，让孩子学会理解感恩。
2. 善于引导孩子学会换位思考。
3. 学会尊重他人，引导孩子学会表达感恩之情。